SOYEZ CREATIF
POUR DEVENIR
CELUI QUE VOUS
REVEZ D'ETRE

D1137039

Albert Swann

SOYEZ CREATIF POUR DEVENIR CELUI QUE VOUS REVEZ D'ETRE

DE VECCHI POCHE
20, rue de la Trémoille
75008 PARIS

PREMIERE PARTIE

VOUS POUVEZ
DEVENIR CREATIF

Le monde change... nous aussi!

REDEVENIR UNE PERSONNE

Etre créatif! On demande de plus en plus à chacun d'entre nous de devenir créatif. Et ce au premier chef dans son travail, où la prise d'initiative, de responsabilités, est, chaque jour davantage, la nécessité majeure. Une nécessité qui fait dire à certains sociologues que nous ne sortirons de la crise que nous traversons, caractérisée par le chômage, ainsi que par une crise spirituelle et psychologique, que du jour où nous serons créatifs. Le jour où chaque travailleur, chaque employé, chaque fonctionnaire, chaque chef d'entreprise sentira la solidarité qui le réunit aux autres, le jour où chacun sera inventif dans son domaine, cela ira mieux pour tout le monde. Il n'est plus besoin de gens qui effectuent mécaniquement leur tâche, mais de créateurs.

Le modèle taylorien du travail à la chaîne est aujourd'hui tout à fait dépassé, archaïque, révolu. Ce genre d'occupation n'a plus de raison d'être; on est en train de le remplacer avantageusement par la machine, la cybernétique, l'informatique; en un mot, les robots. Et quand je dis avantageux, j'entends que ce l'est pour les deux parties: les patrons – et cela est évident – mais aussi les ouvriers et les employés, qui ne sont plus asservis à des tâches dégradantes. Des tâches répétitives, ennuyeuses, pénibles, salissantes parfois. Des tâches qui datent du XIXe siècle, époque où le travailleur était rivé à son travail comme une pièce à une immense machine. Tout le monde sent bien que cela n'est plus possible. Le travailleur, comme tout autre, doit vivre sa vie. Il doit participer à la société de loisirs qui s'annonce déjà; une société où le repos, la culture et la distraction prendront toute leur importance.

NOUS SOMMES TOUS SOLIDAIRES

Il est sûr qu'en attendant l'avènement de cette société plus libre, des gens souffrent et vont encore souffrir. Les manœuvres rivés à leur chaîne de montage, qui se retrouvent au chômage, sont les plus touchés. Une société humaniste se doit de penser à eux et de les aider efficacement à se reconvertir. Il est sûr aussi qu'il ne faut pas que les seuls à souffrir soient les ouvriers, les employés, les fonctionnaires. Il est également nécessaire que les patrons se reconvertissent, deviennent eux aussi plus créatifs, ne se contentent plus de se laisser porter. Il faut qu'ils prennent leurs responsabilités... Mais le problème réel, le nœud du problème, est une question d'adaptation: nous sommes en crise, nous devons nous renouveler, nous ouvrir vers l'Europe et vers le monde; nous devons perdre nos vieilles habitudes. Nous ne vivons plus à l'heure de notre village, ou à celle de notre environnement proche: nous pénétrons dans l'ère planétaire. C'est la planète entière qui est devenue désormais un village. Un philosophe, Kostas Axelos, l'avait dit il y a déjà trente ans; il avait eu une intuition que nous vérifions aujourd'hui.

La «mondialisation», comme disent les spécialistes, des sociétés européennes, américaines, asiatiques, vient, d'une part, de ce que les économies sont interdépendantes les unes des autres et, d'autre part, du prodigieux développement des moyens de communication. L'information circule désormais à la vitesse de la lumière. Ce qui se passe à la Bourse de Berlin ou de Paris, de New York ou d'ailleurs retentit sur toutes les autres places financières de la planète. Et cela ne constitue qu'un exemple: les économies sont liées – aucun pays ne peut prétendre vivre tout seul –, les problèmes de guerre et de paix concernent le monde entier. Le conflit entre l'Iran et l'Irak ne nous laisse pas indifférents, pour des raisons humanitaires évidentes, et aussi parce que cette guerre a des conséquences non négligeables sur notre économie et sur notre vie quotidienne. Economie: les belligérants gênent considérablement le passage des pétroliers qui nous apportent une part de notre approvisionnement en pétrole (leurs bombes parfois s'égarent... volontairement sur nos navires! pour faire pression sur nous). Vie quotidienne: les attentats, plaie de cette fin du siècle, font des victimes innocentes jusque dans nos rues.

On pourrait encore dire bien des choses sur cette interdépendance des pays les uns par rapport aux autres, par-delà les continents, par-delà les camps politiques. On pourrait par exemple noter l'état déplorable des pays sous-développés; on pourrait souligner le fait que certains pays d'Afrique s'enfoncent inexorablement dans la misère et la guerre. On pourrait le noter, mais il faudrait alors écarter la tentation de mettre toute cette misère au compte des pertes et profits. Saluer le progrès n'implique pas nécessairement, comme certains ont trop tendance à le croire, la résignation devant son contraire. Nous vivons – au risque de nous répéter – sur une planète dont chaque habitant est solidaire; une planète riche et fragile à la fois. Ces êtres humains n'accepteront pas indéfiniment leur misère. Laisser pourrir la situation et leur répondre ensuite en se défendant militairement est une fausse solution.

DES INDIVIDUS PLEINEMENT RESPONSABLES

Le lecteur, même s'il est passionné par ce que nous venons d'évoquer, pourra se demander en quoi cela concerne notre sujet. Ne s'agit-il pas là d'un détour où nous nous serions égarés, d'un sentier de traverse? En quoi cela concerne-t-il notre créativité? Eh bien, cela se trouve au cœur de ce dont nous traitons. Le besoin de créativité que chacun d'entre nous ressent plus ou moins confusément a des raisons d'être objectives. Autrement dit, il ne s'agit pas du tout d'un désir subjectif, d'un caprice, mais d'un véritable besoin. Si on a envie de devenir créatif, c'est parce qu'on en éprouve la nécessité. Le monde change, nos sociétés ont de plus en plus besoin d'individus épanouis, créateurs, responsables. L'époque des travaux répétitifs, de la discipline imposée par des chefs, est révolue; elle l'est de plus en plus. S'il y a crise, c'est précisément parce que nous sommes en train de passer d'une époque à l'autre. S'il y a crise, c'est parce que les vieilles habitudes ne veulent pas lâcher prise et parce que la vie se bat contre elles.

Nous sentons bien dans notre travail combien cette description est vraie. Il y a les vieilles consignes qui nous freinent, qui nous empêchent de donner le meilleur de nous-mêmes; il y a aussi la crainte justifiée du chômage. Mais il y a d'autre part le désir, la volonté, de se perfectionner, de suivre des stages, de se tenir au courant des nouvelles méthodes ou des innovations techniques. Il y a la conviction qu'un nouveau savoir-faire est en train de se mettre en place. Il y a la souffrance de ceux qui sont laissés pour compte, il y a la peur de leur ressembler un jour, et il y a l'espoir de quelque chose de neuf. Il y a l'espoir d'une société où nous respirerons davantage, d'une société où nous pourrons exercer nos compétences et où nous pourrons nous épanouir totalement.

Et il y a enfin le sentiment très fort que le travail n'est pas tout dans la vie.

En effet, devenir créatif dans son travail suppose qu'on le soit déjà devenu dans sa vie privée. Le nouvel employé, le nouvel ouvrier, le nouveau fonctionnaire se responsabilisera dans son travail, mais aussi dans sa vie de citoyen du monde, et dans sa vie familiale et affective. Ce ne sera plus seulement un producteur mais un partenaire au sein de sa famille, un amant, un amateur d'art, un touriste. Comparez avec la situation existante au XIXᵉ siècle: l'homme (ou la femme) n'était défini que par son travail. Mis à part les classes privilégiées, l'immense majorité de la population ne pensait qu'à une chose: subsister, gagner de quoi vivre, et parfois ne pas mourir de faim. Aujourd'hui, ce n'est plus le cas: la retraite, la sécurité sociale et bien d'autres avantages, conquis de haute lutte, permettent aux gens de consacrer du temps à autre chose. Les gens ne sont pas seulement des travailleurs; ils sont devenus aussi des lecteurs de romans ou d'essais, des spectateurs – cinéma, théâtre, télévision – des visiteurs de musée, des touristes – les voyages se développent de plus en plus, etc. D'autres habitudes; une autre définition de l'être humain! En avons-nous réellement pris conscience? Le besoin de devenir créatif est dû à la fois aux nouveaux systèmes de travail et au fait que la vie elle-même a changé. Nous ne sommes plus passifs mais actifs, et de plus en plus.

Etre créatif est aujourd'hui un désir individuel; demain, ce sera un besoin collectif; après-demain, ce sera une réalité. Nous serons tous créatifs. L'être aujourd'hui, c'est être en avance sur son temps, c'est savoir que demain se trouve déjà à notre porte; c'est enfin vouloir vivre mieux, vouloir reconnaître le monde comme il est vraiment, comme il a évolué; c'est aussi vouloir exploiter toutes ses possibilités personnelles. C'est quitter sa vieille peau et muer. On sait

11

que nous n'utilisons qu'une infime partie de notre cerveau. Sait-on qu'on ne fait appel qu'à une infime partie de nos possibilités psychologiques, artistiques, spirituelles? A-t-on compris que leur plus grande utilisation se trouve désormais à l'ordre du jour?

«Et moi, dans tout cela»

PLUS FACILE A DIRE QU'A FAIRE

Tout nous invite donc à devenir créatif. Tout: nos désirs, et le monde extérieur. La créativité, nous le sentons bien, n'est pas un luxe superflu mais une nécessité, aussi bien dans son travail que dans sa vie privée. Les entreprises et les administrations de l'avenir – et demain est toujours plus proche que nous le croyons – ont besoin de collaborateurs responsables, inventifs, capables de prendre des initiatives. Dans notre vie privée, nous ressentons tous les jours davantage le besoin d'être un acteur et non quelque chose de passif. Etre opérationnel dans son travail et se trouver bien dans sa peau dans sa vie privée sont une seule et même règle d'or.

Mais il est plus facile de le dire que de le faire. Comme dit le proverbe: «Il y a loin de la coupe aux lèvres». Entre ce que nous ressentons impérativement et nos capacités, il y a une marge, une distance qui paraît parfois infranchissable. Ce n'est pas parce que nous voulons fortement quelque chose que nous obtiendrons cette chose! Il arrive même très souvent que des personnes qui ont eu envie d'être créatives se sont trouvées dans l'incapacité de mettre en pratique cette intention et ont fini, découragées, par y renoncer. L'écueil sur notre route est en effet le découragement. Le moment où nous nous disons: «A quoi bon? Nous n'y arriverons pas, quoi que nous fassions». Il y a tellement de difficultés! La crise est là pour nous le montrer crûment. Et puis, que pouvons-nous faire face à ce monde bouleversé? Est-ce que notre voix, ou notre action, compte? Personne ne nous écoute. Pis encore! Nous n'avons aucun repère pour apprendre à nous guider en cette société, cette dure société qui prend la place de l'ancienne où «chaque chose était à sa place», où «l'humanisme avait encore quelque valeur», où «les valeurs spirituelles étaient de saison». La litanie des plaintes pourrait occuper ce livre entier. Je ne dis pas qu'elles sont vaines, ou injustifiées; j'affirme qu'il est possible de surmonter peu à peu la crise. Il ne manque qu'une chose à la plupart d'entre nous: un savoir-faire, une «technique» adaptée au but que l'on se fixe.

On pourra rester toute sa vie devant un fleuve avec le très fort désir de nager, on pourra essayer pendant longtemps de le traverser, on n'y arrivera pas tant qu'on n'aura pas appris à nager. Tant que quelqu'un d'autre ne nous aura pas transmis la technique – les mouvements – de la natation. Tant que quelqu'un ne nous aura pas initié.

JAMAIS UN ROBOT NE REMPLACERA TOUT A FAIT UN ETRE HUMAIN

Arrêtons-nous un moment sur ce que nous venons de dire, sur ces deux mots clés: technique et initiation. Il est indispensable – personne ne le contestera – de connaître la technique de la conduite automobile pour savoir conduire. Si je ne sais pas à quoi servent les différents postes du tableau de bord, je serai incapable de conduire. Et ce qui s'applique à la conduite s'applique à tout le reste: natation, poste de travail, art, psychologie, etc. Technique, donc; mais la technique seule ne suffit pas, on l'oublie trop souvent. Il faut encore qu'il y ait une *transmission* de savoir-faire. Une transmission d'humain à humain, qui constitue à proprement parler l'initiation. Si *quelqu'un* ne m'apprend pas à conduire, je ne saurai pas. J'aurai beau lire tous les livres du monde, je courrai à la catastrophe. Il me manquera quelque chose qui relève de l'ordre du sentiment.

Pour la natation, la chose est plus facile: un individu peut, à la rigueur, apprendre à nager tout seul, pour peu qu'il soit doué. La chose s'explique: l'eau est un élément naturel. (Savez-vous qu'un bébé de quelques jours jeté dans l'eau nage naturellement?) Mais une automobile? C'est évidemment loin d'être quelque chose de naturel. Il faut, pour apprendre à conduire, apprendre mécaniquement ce qui peut l'être de cette manière, mais il faut également qu'un autre individu transmette son savoir. C'est au cours de cette transmission qu'entre en jeu cette chose très mystérieuse que nous appelons l'initiation.

Jamais un ordinateur, ou un robot, ne remplacera l'être humain en certaines tâches. Un ministre pensa jadis introduire l'enseignement assisté par ordinateur dans les écoles. Quelques-uns de ses collaborateurs et certains journalistes s'enthousiasmèrent et évoquèrent le jour où il serait possible de se passer de professeurs. C'est, disons-le tout net, une stupidité. Certes, en ce qui concerne les tâches répétitives, celles précisément qui ne font pas appel à la créativité des élèves, l'ordinateur est très efficace. On peut l'utiliser pour répéter une leçon, ou pour stocker de l'information; mais que fait-on d'autre alors que l'utiliser comme un manuel d'une manipulation plus pratique? Se servir des machines à calculer ne revient-il pas à se servir de tables de multiplication, d'addition, de division, etc., plus perfectionnées? Il y a vingt ans, ces tables s'inscrivaient sur la couverture des cahiers d'écolier, les plus âgés s'en souviennent encore. Aujourd'hui, ce sont des puces électroniques dans une boîte. Stocker son vocabulaire dans un petit ordinateur ou dans un dictionnaire, avoir ses tables de multiplication ici ou ailleurs, etc., cela revient au même, si ce n'est qu'avec l'ordinateur on centralise beaucoup plus d'informations sous une forme commode, qu'on se facilite considérablement la tâche.

LA CRISE ET LE RENOUVEAU

On pourra faire remarquer – et cela est tout à fait juste – que tout le monde ne sait pas manier un ordinateur. Qui, parmi nous, n'a pas éprouvé, devant l'écran du minitel, le même malaise que celui éprouvé par nos grands-parents devant l'invention de Graham Bell? Le progrès technique va si vite! Tout change tellement autour de nous! C'est vrai. Mais le problème est là précisément.
Résumons notre propos, qui part de principes très simples, mais qui nous échappent sans cesse.
La raison de la crise est notre inadaptation au monde, qui évolue vite. Nous vivons sur un acquis dépassé.

Causes techniques: introduction des nouvelles machines (ordinateurs, robots, etc.), qui non seulement suppriment des emplois mais en créent de nouveaux, pour lesquels nous ne sommes pas qualifiés.

Causes historiques: tout ce que nous avons vu au chapitre précédent sur l'interdépendance des sociétés et la solidarité obligée de la planète.

La résolution de la crise peut être envisagée en mettant en place un savoir adapté. Une philosophie appropriée et qui nous permettrait d'agir. Comment cela? En comprenant ce qui suit:

- l'ordinateur est une aide précieuse, indispensable – il nous fait gagner infiniment de temps (pensez aux millions d'opérations qu'il effectue en quelques secondes!) –, mais il ne porte que sur les tâches répétitives: opérations mathématiques, travaux à la chaîne, etc.;
- ce faisant, l'ordinateur nous laisse toute la part créative. La musique en est un excellent exemple: des musiciens, modernes utilisent l'ordinateur pour toute la partie «calculs» et cela leur fait gagner du temps pour leur travail proprement créateur.

En résumé, les individus, les hommes et les femmes, doivent, pour devenir opérationnels, développer leur créativité. Ils doivent effectuer un progrès psychologique et culturel. Ils doivent développer leur potentiel artistique. C'est une nécessité professionnelle; mais c'est aussi un désir qu'ils éprouvent fortement. Le citoyen ne sera plus un simple travailleur, il sera également un amateur d'art, un touriste, etc. Loisirs et culture prendront une place prédominante dans la vie.

«Mais, et moi dans tout cela?» direz-vous. «Que suis-je dans toute cette affaire? Tout cela est bel et beau, mais qu'est-ce que ça peut me faire, concrètement? Les problèmes du monde, que l'on a évoqués au premier chapitre de ce livre, comme les problèmes philosophiques que l'on vient de voir, ne me concernent que de très loin». Et puis, vous ajouterez peut-être: «Qu'est-ce que je suis, moi? certainement pas grand-chose. Dans cette tempête que vous me décrivez, je n'ai pas ma place». Et le découragement, peut-être, alors vous saisira. Vous ne croyez pas au fond que vous pouvez devenir créatif. Et si vous n'y croyez pas, c'est parce qu'on ne vous aura pas indiqué le chemin qui mène à votre créativité.

17

PUIS-JE VRAIMENT DEVENIR CRÉATIF?

Les vraies questions, ou plutôt les questions personnelles, commencent ici à se poser. Ce dont nous avons parlé n'était pas de fausses questions, mais cela ne vous touchait pas tout à fait directement: c'était le cadre qu'il fallait bien délimiter pour situer le problème, pour montrer que ce problème de la créativité est à l'ordre du jour, pour démontrer que votre désir d'être créateur, que vos découragements, vos espoirs, ne sont pas incongrus, mais que des millions de gens les éprouvent aussi et qu'ils correspondent à quelque chose de très sensé, d'urgent, d'essentiel. Il fallait vous fortifier dans votre volonté de devenir créatif. Mais maintenant, les questions personnelles. Elles sont au nombre de deux:

– puis-je vraiment devenir créatif? (Tout le monde peut-il le devenir?)
– si oui, que dois-je faire pour le devenir? (Quelles techniques? Quels savoirs? Quelle recherche? Quels efforts? En un mot quelle initiation?)

C'est à ces questions qu'il faut oser se poser sans aucune timidité ni fausse pudeur que nous allons essayer de répondre. La première, brièvement. La seconde, tout au long des pages qui suivent.

Tout le monde est-il, peut-il être, créatif? La première réponse qui vient à l'esprit est négative et elle semble ressortir de l'évidence. Il n'y a qu'un Einstein, qu'un Mozart. Il n'est même pas donné à tout le monde de bien jouer d'un instrument de musique, d'écrire un livre ou de créer une entreprise. Il faut reconnaître ses limites. Ce serait de la folie autrement, n'est-ce pas?

Pourtant, une fois que l'on a dit cela, on n'a rien dit, malgré les apparences. Ou plutôt, on n'a rappelé que des évidences que nous n'avons nullement l'intention de contester. Oui, il y a différents niveaux psychologiques dans les êtres. Aucun individu n'est identique à un autre et personne n'est interchangeable. Un tel saura parfaitement composer un beau poème, et un autre, qui se montrera entreprenant en affaires, en sera tout à fait incapable, bloqué devant l'écriture. Mais réfléchissons: cela signifie-t-il en aucune manière que l'un des deux individus considérés est créatif alors que l'autre ne l'est pas? Eh bien non! L'un sera créatif en poésie et l'autre en gestion d'entreprise, ou bien dans la vente.

Il n'existe pas un seul domaine où l'on ne puisse exercer sa créativité. L'art n'est pas le seul champ de création. Il y a des créations qui, pour être différentes, n'en sont pas moins des créations.

Tout dans la vie, dans la société, s'avère susceptible de devenir un champ de créativité. Un employé de bureau peut, dans son domaine, se montrer inventif: ce peut être un véritable artiste dans son champ d'action. Il peut, si on lui en donne les moyens, faire preuve de sensibilité, d'intelligence, d'initiative: innover et faire en sorte que son travail ne se réduise pas à des tâches répétitives. L'introduction des machines de traitement de texte, par exemple, et des méthodes modernes d'organisation ouvre de nouvelles possibilités. Nous en parlerons. En tout cas, voici une illustration de ce que nous avancions: la modernisation du travail de bureau demande – exige même – de l'employé plus d'initiative.

Nous verrons aussi que cet employé – un exemple pris parmi tant d'autres! – agit non seulement comme un créateur en son domaine, mais qu'il éprouve un plaisir, une délectation comparables à celles du peintre, du musicien ou du poète. Nous ne dirons pas, comme le pensent certains, qui extrapolent, que le travail peut remplacer la poésie ou la musique, ou le cinéma, mais qu'il s'agit de deux plaisirs tout aussi réels que différents. Et aussi, et surtout, que le travail peut et doit devenir un plaisir. Cela est inscrit dans l'évolution, et il faut préparer les hommes et les femmes à cette révolution.

Reste toutefois une difficulté qu'il ne faut pas éluder: ces innombrables individus, dans nos villes et dans nos campagnes, qui aujourd'hui ne sont pas encore créateurs, comment le deviendront-ils demain? Encore une fois, qu'est-ce qui prouve que nous ne sommes pas en train de courir après une chimère? On peut répondre que les nouvelles générations, qui s'adaptent si bien, nous en donnent la preuve. Mais ce n'est pas une réponse: et les autres, ceux qui se trouvent entre deux moments historiques: celui de la crise et celui du renouveau? La discussion, arrivée à ce point, ne peut se contenter de rester théorique: la méthode que le lecteur va découvrir dans ce livre a fait ses preuves. Il suffit de nous suivre pour s'en convaincre. De nous suivre et d'essayer de mettre en pratique les conseils que l'on trouvera au fil de ces pages.

Une «comptabilité psychologique» d'abord

ESTIMER CE QUE L'ON FAIT

Pour devenir créatif, il faut avant tout – cela tombe sous le sens – définir le champ où on veut apprendre à l'être et à exercer ses capacités. Si vous n'avez pas envie de faire du violon, vous ne réussirez pas à en faire – exception faite, toutefois, de certains enfants qui vont aux cours à contre cœur et qui finissent par devenir des instrumentistes convenables et parfois, mais rarement, des virtuoses. Mais cela ne nous concerne pas ici, parce que ce livre s'adresse, bien évidemment, à des adultes.

Pour devenir créateur, il faut aimer ce que l'on fait, ou ce que l'on va faire. Cela peut être son travail – et nous avons vu que l'évolution commandait d'aller dans ce sens –, mais ce peut être aussi des activités annexes: le théâtre amateur, l'écriture (il existe dans toutes les grandes villes des ateliers d'écriture), la musique, la photographie, etc. Il faut donc déterminer avec le plus de précision possible deux zones: celle de son travail et celle de ses loisirs. Il faut d'abord se demander:

1. Dans mon travail où, à quel moment, en quelles circonstances, puis-je devenir un peu plus créatif?
2. Et dans ma vie privée? quels sont mes hobbies, par exemple?

NE S'ENDORMIR NI SUR SES LAURIERS NI SUR SES ECHECS

On peut aimer son travail, y trouver toutes les satisfactions matérielles et morales – plaisir, considération, etc. –, et cela est bien. C'est une chance. Le problème, c'est de ne pas se contenter de son état présent. De savoir qu'il faut continuer de progresser, que la vie ne s'arrête jamais, que l'on peut toujours et sans cesse améliorer sa créativité. Nous ne disons pas cela dans l'intention d'affoler les gens heureux. Le stress, l'agitation, exercent leurs ravages, inutile d'en rajouter! Un bonheur, une situation favorable, ça se savoure. Il faut prendre appui sur eux pour affronter la vie. Il faut se garder de les mettre en péril. Ce sont des choses si fragiles!

Cependant, il ne s'agit pas de s'endormir. Il n'y a de joie qu'éveillé. Seuls les tout petits bébés trouvent leur bonheur dans le sommeil. La vie est un combat. Il faut sans cesse se perfectionner, car, si parfaits nous croyons-nous parfois, il y a toujours un point qui l'est moins que les autres. Un point que l'on peut, que l'on doit améliorer si l'on ne veut pas voir l'échec un jour s'engouffrer dans la brèche ouverte par lui. Je veux simplement dire que pour ceux qui aiment leur travail, il y a moins d'urgence que pour les autres – ceux qui l'aiment à moitié et ceux qui ne l'aiment pas du tout –, mais qu'ils doivent tout de même penser que ce n'est pas gagné pour toujours. Ils doivent aussi penser à la créativité dans la vie de tous les jours: vie culturelle, famille, amour, etc. Ce n'est pas si évident que cela: on connaît des réussites professionnelles qui se payent très cher sur le plan affectif.

Examinons maintenant l'autre catégorie: celle des gens qui n'aiment pas du tout leur travail, ceux à qui il répugne, qui ne vont au bureau ou à l'usine que contraints et forcés et en

le maudissant chaque jour. Pourquoi ces gens sont-ils dans un tel état? Essayons d'en faire l'analyse calmement. Le travail est quelque chose de naturel, qui est propre à l'être humain; s'il ne plaît pas, ce ne peut être que pour deux raisons: soit parce qu'il est stupide, répétitif, pénible, soit parce que l'individu qui l'exerce va mal psychologiquement. Le travail de manœuvre, par exemple, réunit la répétitivité, l'ennui et la pénibilité. Il faut donc que le travail ne soit ni pénible, ni salissant, ni répétitif, ni ennuyeux, ni avilissant, mais qu'il sollicite l'inventivité du travailleur pour que celui-ci puisse s'y impliquer et en retirer un plaisir. Pour que le temps s'écoule naturellement, comme un long fleuve. Si un travail m'ennuie, j'ai tendance à regarder ma montre; et à la fin de la journée, j'éprouve des malaises discrets mais réels: migraines, mal de dos, vue qui baisse, mauvaise humeur, etc. Dans le cas d'un travail à la chaîne, c'est encore pire: l'ouvrier en sort presque hébété.
Dans ce cas, il n'y a rien à faire si ce n'est:
– améliorer sa vie privée, s'y montrer plus créatif;
– essayer de changer de métier.
Le problème, dira-t-on justement, est que l'ouvrier rivé à sa chaîne n'a pas le temps, ni les moyens d'élaborer un plan de carrière et de le mettre à exécution. C'est tout à fait vrai; mais fort heureusement, ce cas extrême tend à disparaître dans nos sociétés évoluées. Le travail pénible, comme le travail répétitif sans inventivité, est en cours de remplacement par l'automatisation. C'est-à-dire par les robots. Ces robots, soulignons-le de nouveau, sont fort capables de faire les gestes répétitifs mais ne peuvent remplacer la créativité humaine. Ils sont utilisés soit pour remplacer les manœuvres, la chaîne et d'autres activités qui demeureront toujours répétitives, soit pour aider l'homme dans son travail; pour ne citer que deux exemples, mentionnons les calculs astronomiques et l'image assistée.

Entre les deux cas extrêmes – cas de l'individu satisfait, parfaitement satisfait, et cas de celui qui n'en peut plus –, il existe fort heureusement une vaste échelle de cas intermédiaires. Ce sont ceux-là qui nous intéressent au premier chef, car, rien dans la vie n'étant absolu, ce sont ceux qu'on rencontre majoritairement.

SIMPLEMENT REFLECHIR A SA VIE

Les cas les plus courants, les vies les plus courantes, sont des cas moyens, des vies moyennes. Ni extraordinaires, ni répugnants. Il n'est pas de travail qui ne présente quelque intérêt car autrement, on aurait beau se forcer, on ne réussirait pas à l'accomplir. Il n'est pas non plus de travail tout à fait passionnant, car nous vivons tout bonnement sur la terre et non au ciel! Même un musicien génial ne se place pas toujours sous le signe de l'inspiration, il lui faut énormément travailler, peiner, accomplir par moments des tâches répétitives. Le poète n'échappe pas à ces contraintes. Il ne faut pas penser que tout est rose comme la publicité veut nous le faire croire. Il ne faut pas croire que tout est noir comme nous le pensons lorsque nous sommes découragés ou fatigués. La vie est un équilibre entre ces deux tendances. Ce n'est pas un absolu mais, pour ainsi dire, un mélange des deux.

Ce que nous venons de voir n'a absolument rien de théorique: chacun d'entre nous l'expérimente tous les jours. Il suffit d'en prendre conscience – ou plutôt de s'en souvenir. Nous sommes ainsi faits que, tout entiers absorbés dans l'instant, nous oublions tous les autres. Par exemple, si je m'ennuie dans mon travail, ou si je suis furieux contre ma femme, j'oublie que d'autres fois mon travail m'a passionné et que le plus souvent j'ai tendrement aimé ma compagne. Pascal disait justement qu'on ne peut pas être à deux endroits à la fois: on ne peut pas vivre en même temps le présent et le passé. Cela n'est possible que dans la fiction! Il n'est possible que de *se souvenir* du passé, heureux ou malheureux, mais si on le revit, il devient présent. On est soit un homme d'aujourd'hui, soit un homme d'hier. Impossible d'être les deux à la fois.

C'est une évidence dont on tient rarement compte, car on est emporté par la passion, l'émotion ou l'humeur du moment.

Au travail donc, comme dans sa vie affective et familiale ou dans le cadre de son temps libre, il y a des «plages», des moments, des zones, où l'on s'est montré créatif, et d'autres où cela a été le contraire. Celles de non-créativité sont sûrement celles où l'on s'est ennuyé, où l'on s'est senti inutile ou nerveux, où l'on n'était pas bien, où en un mot on n'a pas éprouvé de plaisir – redisons-le encore: plaisir et créativité vont de pair. Première règle d'or – et nous sommes en train d'entrer progressivement dans la pratique concrète –: réfléchir à sa vie pour déterminer les circonstances où l'on a été créatif et celles où on ne l'a pas été. Cela a l'air d'être dérisoire – c'est loin de l'être. C'est par cette réflexion toute simple, par cette analyse qui n'est pas si facile que cela, que doit commencer le travail qui mène à l'acquisition de la créativité.

SAVOIR CE QU'EST LA CREATIVITE

La raison en est simple. Pour être créatif, c'est évident, il faut savoir ce qu'est la créativité. Si je cherche un objet sans savoir ce qu'il est, je ne réussirai jamais à le trouver. Il faut que je connaisse ce dont je me suis mis en quête. Même dans les initiations à mystère, on a une vague idée – un

...e pressentiment – de ce que l'on va obtenir. On devi-
...que c'est une illumination ou quelque chose de semblable. Il en va de même de la créativité: tout le monde se doute de ce qu'elle est. Pourtant – et c'est ce point qui s'avère
capital –, si on veut développer sa propre créativité, une
idée vague, un pressentiment, ne suffisent pas. Il faut avoir
une conscience aiguë. Il faut vraiment savoir ce que sont
ces moments, ces périodes, de créativité et ces moments,
ces périodes, de non-créativité. Il faut faire la part des uns
et des autres et ne pas se contenter d'une vision globale im-
précise. C'est là le premier pas de la démarche que nous
préconisons, dont le bien-fondé a été vérifié par une longue expérience.

En d'autres termes, il s'agit de prendre sa vie en mains. De
ne plus la laisser aller à vau-l'eau. D'être lucide. De comprendre ce que l'on a vécu. Ce n'est pas sorcier: il ne s'agit,
dans un premier temps que de réfléchir, de se remémorer
les composantes de sa vie (travail, amour, loisirs) et de distinguer ceux où l'on a été créatif des autres. Le principe est
celui d'un bilan comptable: une colonne positive et une colonne négative. Il est recommandé de le faire, papier et
crayon en main. On trace deux colonnes et on note, en un
ou deux mots, les événements remarquables.

On est conduit de la sorte à dresser un véritable tableau.
Par exemple, dans la colonne positive: bureau, 23 janvier
88, lorsque j'ai reçu M. Laval; famille: soirée du 15 no-
vembre 87: toute la famille réunie, soirée de sérénité. Ce
qui m'a fait le plus plaisir, c'est de voir mon fils plus attentif à ce que je luis dis. Etc. Juste quelques mots sans com-
mentaires d'abord. Il ne s'agit que de notations rapides, et
on ne perd pas son temps pour le moment à chercher à
comprendre pourquoi il en a été ainsi. Nous conseillons de
prendre pour référence une période relativement courte: 3
ans au maximum.

Apparemment, rien de plus facile que cela. Et pourtant, quand on n'a pas l'habitude, quand on s'y essaye pour la première fois, cela ne va pas de soi. Faites-le! Il faut apprendre à se concentrer pour réfléchir. Ce n'est pas que vous ne savez pas penser, mais la plupart d'entre nous sont accoutumés à réfléchir sur d'autres choses. On sait penser les choses de son travail, ses relations avec la société, sa conduite au sein de la famille, avec ses relations personnelles, mais rien ne nous a préparés à penser à notre créativité. Pour la bonne raison que nous ne savons pas encore parfaitement ce qu'elle est.

LA CREATIVITE DEVRAIT ETRE LA NORME

Il faudra sans cesse revenir sur cet exercice. Et si, au début, on n'y parvient pas, si on est déçu par ses résultats, ou si on ne voit pas bien quel est son intérêt, il faudra se dire: «Je n'ai pas l'habitude, demain ou après-demain, ça ira mieux». Et se remettre plus tard, quelques jours après, à l'ouvrage. Juste quelques minutes. Quand cela réussira, commencera de réussir, vous vous en apercevrez de vous-même: l'exercice vous intéressera. Vous rentrerez dedans, comme on dit familièrement. Cela ne sera plus étrange ou ennuyeux pour vous. En un mot, ça vous plaira; vous y trouverez intérêt.
A bien y réfléchir, ce n'est pas si étonnant qu'on pourrait le croire. Ceux qui ont fait de la culture physique, du body-building ou de la danse savent de quoi il est question. Les exercices sont difficiles, ingrats, et il faut du temps pour obtenir des résultats. Eh bien, pourquoi n'en irait-il pas de même pour ce qui est de l'apprentissage de ce qui ressort du psychologique, et de la créativité en particulier? Il est temps pour vous de vous débarrasser de vos préjugés et de

comprendre que le psychique, ça s'améliore comme le physique. Il ne faut ni mépriser, ni sous-estimer aucun des deux.

En fait, cette comparaison entre le corps – le physique – et le psychologique – l'esprit – contient une grande part de vérité. Non seulement parce qu'il faut comprendre – on ne le répétera jamais assez – que l'esprit, le psychique, exigent un entraînement tout aussi rigoureux que le corps. Il ne s'agit pas évidemment d'un entraînement dont le but serait de devenir un artiste ou un saint; caresser le rêve de devenir un personnage d'exception serait vain. Restons sur la terre et apprécions à leur juste mesure nos possibilités. Nous ne voudrions pas être un anachorète vivant dans le désert et détaché de tous les plaisirs de la vie. Nous ne voulons pas être Mozart terminant assez jeune sa vie dans la misère et dans l'incompréhension; ni Van Gogh se suicidant; ni Antonin Artaud sombrant dans la folie. Non! Nous ne le voulons pas, et d'ailleurs nous ne le pouvons pas. Nous ne sommes pas, pour la plupart d'entre nous, capables d'être des êtres d'exception. Nous ne voulons que vivre notre vie toute simple. Nous n'avons que celle-là et nous y tenons énormément.

Mais de même qu'il est normal et recommandé de pratiquer un sport, de faire du jogging ou de la natation, de la danse ou du yoga, du judo ou du karaté, etc., il est recommandé de pratiquer des exercices psychiques. Il ne viendra à l'idée de personne de penser que pratiquer du vélo, c'est vouloir devenir un champion comme Fignon. Pourquoi donc – d'après quel préjugé? – vouloir devenir créatif signifierait-il désirer ressembler à Saint François d'Assise ou à Rembrandt? L'absurdité d'une telle supposition apparaît d'elle-même. Et pourtant, le préjugé existe dans notre inconscient. Il est très difficile de se défaire d'un préjugé qui a exercé ses ravages sur plusieurs générations, depuis des siècles. N'est-il pas temps de comprendre que le monde a changé? N'est-il pas temps d'en tirer les conséquences?

PREMIERS RESULTATS

L'intérêt de cet exercice qui, comme dans un bilan comptable, permet de distinguer entre le passif – les dépenses – et l'actif – les recettes –, qui permet de repérer, seulement de repérer, les moments de créativité parmi les autres, est de nous sensibiliser à ce que signifie la créativité. Quelques brefs moments où l'on se penche sur la question, une habitude qui peu à peu se prend, et voici que se développe une connaissance de plus en plus approfondie, même si elle était confuse, floue, au commencement.

L'instruction impérative que l'on donnera ici – nous l'avons déjà suggéré, mais il est bon d'insister, la chose est tellement neuve! – la règle, c'est que la créativité s'accompagne de plaisir. Lorsqu'on est créatif, on sort de sa routine, on découvre quelque chose de nouveau. On a l'impression – voire la conviction – de créer et de se créer soi-même. Etrange sentiment, difficile à expliquer! Retenons simplement qu'au lieu de subir sa vie, on l'invente. Chaque moment est différent du précédent, l'ennui disparaît. Tout est imprévu, et pourtant on dirige cet imprévu.
On pourrait en discuter bien longtemps. Les psychologues, les philosophes et les poètes ont écrit des milliers de pages sur cet état. Ils ont analysé dans ses moindres détails le mécanisme de la créativité. Mais, dans le cadre de ce livre, tout cela ne nous intéresse que dans la mesure où nous pouvons en tirer une leçon pratique, laissant de côté la spé-

culation, si intéressante soit-elle. Et pour cause: il est urgent pour nous d'être créatifs.

Une première conclusion s'impose alors: on se rend compte qu'on est créatif quand on découvre qu'on est bien dans sa peau. La «comptabilité psychologique» que nous avons suggérée vous l'indiquera: être bien dans sa peau est synonyme d'être créatif. Ennui, grisaille, routine, mauvaise humeur, désintérêt, etc., signifient non-créativité. Joie, harmonie, facilité, etc., symbolisent la créativité.
Apprenez d'abord à reconnaître ces deux états contradictoires. Nous vous y invitons instamment. Etablissez votre «bilan comptable». Ensuite, nous pourrons aller plus avant.

Faites-le, vous le pouvez!

RAMENER LES PROBLEMES A SOI

Etre bien dans sa peau et devenir créatif sont donc synonymes. Mais il ne suffit pas de le savoir d'une façon abstraite pour en tirer profit. On peut subodorer, comprendre intellectuellement que l'état d'esprit qui conduit à la création est le même que celui qui conduit à l'équilibre psychologique d'un individu. On peut admettre intellectuellement que créer – devenir créatif – dans son travail, dans sa vie privée et dans sa vie sociale – celle des relations, des sorties, des distractions, de la vie culturelle et même de la spiritualité – ou se créer soi-même sont une seule et même chose et que cette chose se traduit par le bien-être. On peut dire et répéter que devenir créatif, c'est créer son bien-être, mais on ne sera pas intimement convaincu pour autant.

Les questions, les problèmes les plus complexes comme les plus simples doivent d'abord être posés dans la mesure où ils nous concernent. Jung, le psychanalyste Jung, appelait cette méthode «ramener le problème au niveau du sujet». Cela consiste à se demander: «Qu'est-ce que ce problème signifie pour moi?» Ce n'est que lorsqu'on aura répondu à cette question précise que l'on pourra s'élever au plan général et voir ce que le problème implique sur le plan philosophique. «Charité bien ordonnée commence par soi-même». A quoi me sert de savoir que la terre tourne autour du soleil et que la lune est en passe de devenir accessible aux humains, si je ne suis pas vraiment vivant? Si je suis en train de mourir? Ceci est un cas extrême mais qui montre bien qu'avant toute chose, il faut se demander ce que les choses signifient pour soi. Il ne s'agit pas là d'égoïsme mais de méthode. Si je ne jouis pas de toutes mes facultés, je ne peux rien, absolument rien pour les autres, et le monde m'est étrange, difficile. Ce n'est pas, encore une fois, de l'égoïsme mais cela ressort à l'évidence. Il ne faut pas être timide ni se dire que soi-même ne compte pas.

NOUS AUSSI, NOUS COMPTONS

Nous n'appelons pas notre lecteur à la présomption ou à un égocentrisme forcené. Nous lui demandons de savoir qu'il compte lui aussi. Il n'est qu'une force infime dans le jeu de la société, il n'est rien à côté des puissants – banquiers, gouvernants, militaires, etc. –, il existe à peine au regard du cosmos. Il reste sans pouvoir réel sur les choses et sur les autres, ceux qu'il aime comme ceux qu'il déteste. Platon, le grand Platon, a raison de parler du prisonnier dans la caverne. Nous ressemblons, dit-il, à un prisonnier enfermé dans une caverne sur les murs de laquelle nous voyons des ombres que nous prenons pour la réalité. Tout cela est vrai. Cependant, il faut se convaincre d'une chose bien simple: cette vie est la seule que nous ayons. Ces espoirs, ces plaisirs, ces petits plaisirs, cette amitié, cet amour, ces désirs sont les seules choses que nous ayons. De quoi disposons-nous d'autre? La réponse tombe sous le sens.

Revenons au cœur de notre question. Que le lecteur ne croie pas que nous nous sommes perdus dans une digression. En fait, lorsqu'on ramène une question sur le plan du sujet, lorsqu'on la comprend sur le plan intime, on risque, devant la difficulté, d'être tellement découragé qu'on finit par se dire qu'on est réellement quantité négligeable. Certes, se gonfler comme la grenouille de la fable qui voulait imiter le bœuf est une pure folie, mais se rabaisser sans raison est aussi pure folie. Un philosophe grec, Protagoras, affirmait que l'«homme est la mesure de toutes choses». Qu'est-ce que cela veut dire? Eh bien, que nous n'avons de problèmes insurmontables que si nous perdons le sens de la mesure. Ce sens de la mesure, cet étalon intime, cette bonne santé, il suffit que nous le retrouvions pour redécouvrir notre véritable place dans l'univers et dans la société. Le reste apparaîtra alors comme brumeuse métaphysique.

Mais alors, il y a tout de même quelque chose qui résiste. Qui résiste obscurément dans nos profondeurs. Quelque chose qui nous empoisonne en secret. Qui nous agace et contre quoi nous ne pouvons rien, mais qui nous agace au point que nous en prenons souvent notre parti et que nous feignons d'oublier. Cette chose, c'est le sentiment, bien simple, mais très fort, que quoi que nous fassions, nous ne pourrons jamais devenir créatifs. Vraiment créatifs. «Ce n'est pas pour nous!» dirons-nous. Ou bien nous nous y attacherons avec passion, et puis à la première occasion... nous passerons à autre chose! Un moyen comme un autre d'oublier. De nous faire oublier. De continuer le train-train.

Les vieilles habitudes sont difficiles à vaincre. Nous avons été accoutumés à nous laisser vivre, sans nous prendre en main, nous avons accompli des gestes machinaux, nous avons répété des mots convenus, etc. Nous ne nous rendons plus compte qu'il existe une autre réalité et que cette réalité, point n'est besoin de la chercher bien loin: elle réside en nous-mêmes. Seulement ce nous-mêmes, cette part de nous-mêmes, nous reste inconnue. Rien, dans notre éducation et dans notre vie quotidienne, ne nous a préparés à la reconnaître.

UNE FORCE DE VIE EST A L'ŒUVRE

Il existe en nous, en chacun d'entre nous, une «force de vie». Le philosophe Nietzsche en a parlé, dans un langage évidemment philosophique; retenons ce qu'il y a de plus simple, de plus accessible, dans son message. Une force de vie est à l'œuvre dans les hommes et les femmes, et nous le sentons bien, même si nous ne voulons pas le reconnaître. Les individus qui ont peur de vivre, de s'épanouir, de devenir créatifs, ont en fait peur d'eux-mêmes, de ce qu'ils portent dans leur profondeur. Car l'être humain est un immense mystère; la science peut le décrire mais non atteindre à son essence. Nous pouvons dire, nous le devons, que l'homme est composé de réactions chimiques, nerveuses, ou de ce que l'on voudra, ou encore qu'il est fait de neurones comme l'a montré le professeur Changeux, du Collège de France. Cela est juste, cela est prouvé, cela fait avancer notre connaissance et nos techniques médicales. Mais qu'en est-il de l'âme? Elle échappe et échappera toujours aux investigations matérialistes. Les gens qui ont peur d'eux-mêmes ont peur de leur âme.

Il n'est pas question de jeter la pierre aux gens qui ont peur. Ce serait trop facile! Et puis, nous avons tous plus ou moins peur de notre âme. Personne n'est absolument à l'abri. Personne n'est entièrement courageux. Le courage, c'est un acte rare; parfois inexplicable. Il est normal

34

d'avoir peur, ceux qui prétendent le contraire se mentent. Comment voudriez-vous n'avoir pas peur? La vie est difficile; nous sommes perdus dans le vaste univers; la planète elle-même traverse une mauvaise passe. Et nous parlons ici non seulement de la crise économique et morale, mais des accidents écologiques. Accidents, nous le savons tous, qui peuvent se transformer en catastrophes. La peur est la première donnée de l'être humain; la seconde est l'espoir. Nous avons d'abord peur de vivre, puis un espoir nous habite, s'empare de nous et fait que nous nous battons pour survivre, pour améliorer nos conditions d'existence, pour nous épanouir. Pour ne plus être un organisme ballotté par les événements mais un être à part entière. C'est-à-dire un créateur.

Dans ce combat pour la créativité, pour le bien-être, pour le bonheur, pour la réussite, nous sommes démunis. Nous ne voyons pas comment faire. Nous sommes très souvent fatalistes: nous croyons que c'est une simple question de chance et que rien ne peut changer. Les uns, croyons-nous à tort, naissent «vernis» et les autres «poissards», un point c'est tout! Aussi certains d'entre nous – avouons qu'il s'agit ici de la majorité – se renferment en eux-mêmes, leur esprit devient étriqué, ils se méfient. Et pourtant, bien qu'on ne nous ait pas éduqués pour le bonheur, il existe un art, un savoir-faire, presque une technique qui permet, d'abord d'en approcher, puis d'y aboutir. C'est que ce combat entre la peur et l'espoir, que l'humanité a mené depuis l'origine, qu'elle ne cesse de mener encore et qu'elle mènera tout le temps qu'elle subsistera, ce combat a constitué une certaine expérience que les sages, les philosophes et les autres ont recueilli.

Le premier pas vers ce savoir, c'est de comprendre – nous l'avons entrevu – que nous ne sommes pas tout d'un bloc. Nous ne sommes pas entièrement ennui ou malheur, ou au contraire joie ou bonheur. Nous ne sommes pas entièrement capables de nous créer, comme nous ne sommes pas absolument inertes, incompétents, incapables. Si nous l'étions, nous ne serions plus des humains mais des dieux ou des démons. Revenons sur la terre. Cela, ce fait que nous ne soyons pas tout d'un bloc, comme une bûche ou une pierre, nous en acquerrons la certitude du seul fait que nous puissions déterminer le ou les domaines où, malgré notre incrédulité, nous pouvons devenir créatifs. C'est ce dont nous avons parlé un peu plus haut.

L'EXPERIENCE EST LA PREUVE DE L'EXISTENCE

Il tombe sous le sens, direz-vous, que nous ne sommes ni une pierre, ni une bûche. Cela, ajoutez-vous, tout le monde le sait. Certes! Un détail pourtant, qui change tout: nous ne le savons pas toujours au plus profond de nous-mêmes. Nous ne le savons qu'abstraitement tant que nous ne l'avons pas expérimenté. C'est l'expérience qui est la preuve de l'existence, disait Einstein. Et en fait, au point où nous nous trouvons de notre démarche dans cet ouvrage, au point où le lecteur en est arrivé, il n'a fait que subodorer ces choses-là. Il se heurte maintenant à un blocage qu'il lui faudra surmonter pour aller de l'avant.

Quelle est la nature de cette réticence, de ce blocage, de cette inhibition? Quelle est cette incapacité à ressentir? Pourquoi ce manque d'audace à tourner la page pour sortir enfin de la force d'inertie inhérente à l'habitude? La plupart des gens pensent qu'ils ne méritent pas le bonheur et que s'ils l'obtiennent, ils le payeront très cher. Il y a un goût inconscient du malheur qui vient de très loin; probablement d'une époque révolue dans l'histoire de l'humanité. La plupart d'entre nous craignent de s'ouvrir, de s'engager dans le monde, de prendre la vie à bras le corps, et ils se recroquevillent.

Cette mauvaise attitude, cette incapacité à croire que l'on peut avancer, peut cependant être vaincue. Pour ce faire, il existe deux méthodes complémentaires que l'on utilisera conjointement:
– la méthode de la pensée positive;
– la méthode de la psychanalyse.
Disons quelques mots de chacune de ces deux méthodes.

CE QU'EST LA PENSEE POSITIVE

La pensée positive est une technique qui se développe de plus en plus actuellement. Elle est à la mode, et c'est un bien. Elle part de la constatation tout à fait simple que nos pensées ont une influence *sur* les choses, et qu'il vaut mieux par conséquent en avoir de bonnes que de mauvaises. C'est une vérité d'expérience: si nous partons avec l'idée que nous perdrons la partie, il y aura de fortes chances que cela en effet se produise. En tout cas, nous ne créons pas les circonstances favorables pour nous. C'est avec un moral d'acier qu'on gagne!

La pensée, notre pensée, est une force dont nous ne soupçonnons pas l'influence. Celle-ci est discrète, presque imperceptible, mais elle imprègne tout: et nous-mêmes, et l'atmosphère autour de nous, et les choses elles-mêmes en définitive. Certains parleront d'ondes, qui peuvent être négatives ou positives, pourquoi pas? Ondes ou autre chose, peu importe la dénomination: il s'agit d'un fait, que nous pouvons constater.

Faut-il en apporter quelques preuves? Sait-on que l'activité de la pensée est une activité réelle, comme toutes les autres? Ce n'est pas parce qu'elle est immatérielle, psychique, qu'elle doit être négligée. Un être qui pense consomme de l'énergie. On peut le mesurer! D'autre part, il y a, c'est évident, des pensées saines et d'autres qui sont malsaines, des pensées optimistes et des pensées pessimistes, etc. Or, la parapsychologie moderne montre, et des expériences rigoureusement contrôlées dans des universités le prouvent sans conteste, que notre pensée peut agir à distance sur la matière. En nous concentrant, par exemple, nous pouvons faire en sorte qu'un dé tombe plus souvent sur le 6 qu'il ne le devrait selon les probabilités statistiques.

Ces expériences de parapsychologie sont aussi extraordinaires que passionnantes: nous regrettons de ne pas avoir le temps ici de nous y arrêter, d'être obligés de ne retenir que le résultat. Ce n'est pas le sujet de notre livre. Mais on peut – on doit – en conclure que si la pensée est susceptible d'agir sur la matière, elle agira *a fortiori* sur quelque chose de plus subtil qui, en définitive, est notre âme. Je serais capable de faire en sorte qu'un dé modifie sa trajectoire, et je ne serais pas capable d'agir sur mon état mental? C'est absurde! Si je n'arrive pas à émettre des pensées positives, cela ne vient pas de ce que j'en serais incapable, mais de ce que je ne sais pas comment procéder concrètement. Je n'ai pas la technique.

Oui! Il faut abandonner toutes ses timidités, ses vieilles habitudes, son inertie, son découragement, son goût du malheur. Disons-le franchement: il y a chez certains êtres un véritable goût pour le malheur. Ces personnes se complaisent dans la tristesse et l'inertie, comme un malade qui gratte ses plaies. Cela est morbide! Une chose est sûre, malgré tous leurs dires et toutes leurs croyances: il est donné à tout être humain normalement constitué d'être bien dans sa peau, et de créer sa vie au lieu de la subir.

LE TEMPS DE LA CONCENTRATION

Imaginons que nous ayons à faire à quelqu'un qui est vraiment réticent, bloqué à 100%. La chose est impossible; quel que soit le blocage de l'individu, celui-ci s'avère capable au moins de pressentir qu'il peut éventuellement devenir créatif en tel ou tel domaine particulier. Il lui suffira d'en faire son domaine prioritaire et d'«enfoncer le clou». Mais imaginons un individu tout à fait démuni – cela se produit dans les moments de déprime! Nous aurons beau répéter «pensée positive», l'individu en question ne réagira pas. Il comprendra peut-être, à la rigueur, intellectuellement mais nullement existentiellement, au niveau de son sentiment intime, de son vécu. Que faire dans ce cas-là? Il faut avoir à l'esprit une idée simple, évidente, mais que l'on oublie le plus souvent: les choses ont besoin de temps pour mûrir. Les choses, aussi bien celles du corps que celles de l'esprit, ne se font pas en un jour, loin de là! Nous ne sommes pas des machines, nous vivons dans l'espace et dans le temps. Nous réagissons au temps et à l'espace, comme aux saisons, aux agressions ou à un accueil aimable. Par conséquent, la pensée positive a besoin, elle aussi, de temps pour donner ses pleins résultats.

Il ne viendra à l'idée de personne d'exiger que des cours de culture physique donnent immédiatement des résultats. Il faut que le corps apprenne à réagir aux sollicitations extérieures, aux exercices, il faut que se mette en place un processus de développement musculaire – dans la force, dans la souplesse –, il faut enfin que ce processus se développe et devienne une habitude. Eh bien, pour ce qui concerne les choses de l'âme, de la psyché, de l'esprit, il en va exactement de même. Le facteur temps a son rôle à jouer et ce rôle est irremplaçable.

Mais dans la pratique, qu'est-ce que cela veut dire? Comment la pensée positive peut-elle prendre en compte le facteur temps? Cela est très simple: c'est la concentration qui permet d'intégrer le temps à la pensée positive. Pour qu'une idée – positive, en l'occurrence – devienne une réalité, pour qu'elle ne reste pas à l'état de vœu, mais qu'elle s'incarne et donne naissance à une force, il faut se concentrer sur elle.

Si une occasion se présente dans tel ou tel secteur de ma vie – par exemple, dans ma vie professionnelle –, si une occasion se présente qui sollicite ma faculté de créativité, si on me demande alors d'être responsable et créatif et si j'ai peur – ce qui est normal! –, il me faut me concaincre que je suis capable de le faire. Et pour m'en convaincre, pour me mettre en bonne forme, en excellente condition, il ne suffit pas de simplement le dire puis de passer à autre chose, ou de le répéter sur tous les tons avec la conviction intime, enfouie au fond de soi, qu'on est en train de mentir, il faut se concentrer sur une telle idée.

La concentration est ce qui permet au temps de s'infiltrer dans la vie de l'esprit. C'est elle qui permet aux idées de prendre chair. Se concentrer, tout le monde sait le faire, même si sont rares ceux qui savent le faire bien. Qu'est-ce que ça veut dire, se concentrer? C'est se focaliser sur une idée, une sensation, un personnage, ou autre chose et faire le vide autour. C'est mobiliser sa psyché sur la chose qu'on contemple ou à laquelle on est train de penser.

Dans la vie de tous les jours, la plupart d'entre nous sont des distraits, incapables de se concentrer sur un problème et d'oublier tout le reste; incapables de faire comme si le reste n'existait pas! Et pourtant, au moment où je me concentre sur une idée parce que je crois cette idée importante, le reste n'existe pas pour moi! Si je nage de manière concentrée, je suis entièrement à ma nage. Si j'apprécie un mets, j'oublie tout le reste, et même mes soucis. Cela ne se produit que pendant un court moment, mais cela se produit! Que se passe-t-il donc dans notre esprit? Encore une fois, nous sommes sollicités par mille et une choses, qui n'ont parfois pas grande importance, mais qui nous empêchent de bien nous concentrer. C'est que la concentration exige un effort psychique auquel nous ne sommes pas nécessairement préparés. Nous faisons, pour beaucoup d'entre nous, un entraînement physique (jogging, natation, exercices en salle, etc.) mais nous laissons notre esprit s'atrophier...

IL EST POSSIBLE D'AMELIORER SA CONCENTRATION

Il est possible de développer sa faculté de concentration. La règle d'or est très simple: l'entraînement. Entraînez-vous quelques minutes par jour, vous accomplirez des progrès importants au bout de quelques semaines. Le plus difficile est de s'y mettre: au début, une paresse nous anéantit. Je pèse mes mots; cette paresse fait en sorte que nous perdions l'envie d'agir, que nous nous trouvions mille et un prétextes pour remettre au lendemain cet exercice de quelques minutes. Mais au bout de quelques jours d'obstination, l'habitude commencera à être prise. Et quand elle s'installera tout à fait, il n'y aura plus de difficulté. Ce sera un véritable plaisir.

Concrètement, comment se déroule un exercice de concentration? Le plus simplement du monde: si je pense à une chose, par exemple à mon travail, ou à un ami, je visualise le travail ou l'ami et j'essaye de maintenir l'image en moi le plus longtemps possible. Au début, quelques secondes, ensuite plus longtemps de manière progressive. Pour ce qui est de la pensée positive, je me dis que je peux

41

faire telle ou telle chose, que je suis capable de la faire, et je me concentre sur cette idée. Je fais en sorte que cette idée devienne mienne, qu'elle ne me reste plus étrangère. Je me familiarise avec elle et, peu à peu, elle deviendra une vérité. Mais encore une fois, c'est une question de jours. Rien dans la vie – et encore moins la pensée positive – ne nous est donné d'emblée.

Lorsque la pensée positive fonctionnera, une fois qu'elle sera devenue une réalité et non un simple vœu ou un vain espoir, tout deviendra très simple. Il vous suffira de vouloir pour pouvoir. Veux-je suivre un stage de formation qui exige de moi un certain travail? Veux-je devenir plus responsable dans mon travail? Plus présent dans ma vie relationnelle et dans ma vie affective? Veux-je apprendre un instrument de musique ou suivre des cours de yoga? Veux-je interrompre le cycle de mes vieilles habitudes et tourner la page? Eh bien, je le peux. Je peux le faire.

C'est une chose étonnante que de découvrir que chacun d'entre nous peut devenir créatif dans sa vie privée et professionnelle. C'est une chose étonnante que de voir qu'on peut faire quelque chose – prendre une décision, laisser de côté une habitude, etc. – qu'on peut faire quelque chose qu'on ne pensait pas pouvoir faire. *Do it!* Ce fut le nom d'un mouvement américain, dans les années 70, qui affirmait qu'il suffisait de faire le premier pas pour aller de l'avant. Fermez les yeux et jetez-vous à l'eau. Vous avez plus de ressources que vous ne le pensez. Vous pouvez faire plus de choses que vous ne le croyez. Vous pouvez devenir un créateur, malgré toutes les apparences. Il suffit que vous vous en donniez l'opportunité.

Pénétré de telles idées, d'un tel optimisme, jouant de la pensée positive, ayant appris à vous concentrer positivement, vous aurez un moral infiniment meilleur. Le plus souvent, l'expérience le montre, il suffit d'avoir un bon moral pour réussir, contre toute attente, à franchir une étape décisive: réussir une négociation, mener à bien un travail, se montrer à la hauteur dans un nouveau poste qu'on occupe, faire preuve d'initiative à bon escient, se montrer efficacement responsable, inventer une solution originale, bref passer du stade de la grisaille habituelle à celui d'une vie épanouie; se prendre en main.

LA METHODE PSYCHANALYTIQUE

La seconde méthode est de type psychanalytique. La psychanalyse[1], on le sait, fut mise au point par Sigmund Freud. Elle part de l'idée que tout être humain a un inconscient et qu'on ne peut y avoir accès que si l'on remonte dans son enfance. Or, on découvre très souvent, pour peu que l'on sache observer, que l'élan vital de la plupart d'entre nous a été étouffé dans l'enfance. Il n'est pas du tout question de faire l'économie de l'éducation et de laisser les enfants faire ce qui leur passe par la tête – ce serait une catastrophe! Il existe pourtant une autre manière d'agir avec eux que celle qui a cours habituellement. On peut éduquer les enfants sans comprimer la force vitale, la force créatrice qui se trouve à l'œuvre en eux.

Un enfant fait-il une bêtise, il la fait parce qu'elle lui procure du plaisir, qui a parfois le goût du défendu. Il ne s'agit pas de le regarder faire sans réagir mais il est possible de l'empêcher de faire la bêtise sans lui infliger un choc. Il s'agit de le lui expliquer avec patience, fermeté et douceur. Mais si les parents sont pris par leur colère, s'ils lui «sautent dessus», l'enfant ne comprendra pas, dans la mesure

---

[1] Voir l'excellent livre d'André Nataf, *Les Fabuleux Pouvoirs de la psychanalyse*, éditions De Vecchi.

où il n'a pas encore à sa disposition une véritable raison. Il prendra alors peur. Il aura alors le souffle coupé. Ce n'est pas une image: l'enfant perdra vraiment la respiration – l'asthme est souvent provoqué par des expériences traumatiques qui remontent à l'enfance. Si on gronde l'enfant ou qu'on lui ordonne d'arrêter de pleurer et que l'enfant veuille obéir, il ne pourra faire autrement que d'arrêter un mouvement naturel: d'arrêter sa respiration. L'enfant a facilement le souffle coupé; la respiration est chez lui quelque chose de vulnérable.

Peu à peu, gronderie après gronderie, puis plus tard, dans sa vie d'adulte, stress après stress, sa fonction respiratoire, qui est la vie même, ne l'oublions pas, se trouvera étouffée. Les conséquences physiologiques et psychologiques seront considérables. Peu à peu, l'ensemble de l'organisme autant que la psyché ou l'esprit seront affectés. La respiration est en effet la pulsation de l'existence. Les yogis le savent bien – tous leurs exercices sont fondés sur elle.

Respirez mieux et vous serez en meilleure forme. Vous vous oxygénerez. Vous «fonctionnerez» au mieux de votre forme. La psychanalyse bien comprise nous donne ainsi un double enseignement:

– c'est dans l'enfance qu'il faut chercher l'origine de nos premiers blocages, de nos premières peurs, de nos premiers complexes d'infériorité, qui nous empêcheront de devenir créatifs, ou du moins d'utiliser à plein notre potentiel de créativité;

– une bonne respiration signifie que notre inconscient est en bonne santé. La psychanalyse nous permet d'agir sur la base cachée de notre personne, et si l'on veut pousser plus avant sa faculté de création, il faut s'y référer.

Pensée positive d'une part, psychanalyse de l'autre – chacun d'entre nous est capable, sur un chemin balisé par ces deux phares, de devenir de plus en plus créatif.

DEUXIEME PARTIE

CREER SA VIE
AU LIEU DE LA SUBIR

Sur le chemin de l'éveil

LES PORTES S'OUVRENT

La concentration et la pensée positive, ou – l'appellation est plus parlante – la concentration positive, est au fond un éveil à soi-même, à son potentiel caché de créativité, à son inventivité inconsciente ou encore en friche. Nous avons vu que la pensée positive avait besoin le plus souvent qu'on lui donne le temps de se mettre en place; il s'avère donc plus approprié de parler de concentration positive. Cette concentration positive, avons-nous dit, nous permet de franchir une étape décisive sur la voie de la créativité et nous avons vu, au passage, que la méthode psychanalytique allait dans le même sens, en l'approfondissant. Nous avons encore noté – nous résumons ce qui précède afin de le fixer de manière définitive –, nous avons noté qu'on pouvait, qu'on devait s'entraîner à la concentration positive pour exercer sa créativité, car, avons-nous répété, le plus important est d'abord de se convaincre que l'on peut être créatif, que «l'on peut le faire» *(do it!* comme disent les Américains).

Nous avons également indiqué la manière, qui est fort simple, d'améliorer sa concentration positive: penser à une idée, ou à une personne, intensément et oublier tout le reste; s'attacher à être de moins en moins distrait, et surtout diriger sa pensée de manière positive, c'est-à-dire avec optimisme, en se disant par exemple, qu'on peut faire la chose envisagée, ou que la personne à laquelle on pense nous sera favorable même si elle s'est montrée désagréable à notre égard. Cela aura un double effet:

– nous donner un bon moral, une bonne forme, une forme avantageuse pour nous lorsqu'on devra passer à la pratique, que ce soit dans l'exercice d'une activité professionnelle, dans une négociation, ou dans une relation affective, amoureuse ou parentale, etc.;
– émettre des ondes qui nous sont favorables.

C'est en recourant sans cesse à la concentration positive qu'on créera autour de soi un climat propice. C'est en pratiquant la concentration positive en toute occasion qu'elle deviendra une seconde nature.

Peu à peu, progressivement, la grisaille qui nous enveloppe, qui nous entoure, se dissipera d'elle-même, et «les portes s'ouvriront», comme on dit. On passera d'un climat mental inducteur de malchance à un autre, où la fortune nous sourit.

Le passage d'un état mental défavorable, non créatif, à un autre beaucoup plus inventif se prépare et demande du temps, mais il se produit un jour subitement et provoque une surprise fort agréable. Il vient comme une journée de printemps après l'hiver. Une journée de printemps qu'on n'attendait presque plus. L'individu est régénéré, il mue. Il a acquis une peau neuve, il a «tué en lui le vieil homme», comme disent les sciences occultes. Il faut vraiment avoir vécu cela pour pouvoir en parler. L'expérience est ici au-delà des mots. L'être humain a alors renoué avec sa jeunesse, ou plus précisément avec sa force vitale et créatrice, et plutôt que de s'égarer en de vains et stériles bavardages, il se fait vie tout entier. Il est vie, et les obstacles tombent d'eux-mêmes.

SE DEBARRASSER DE LA MAUVAISE PENSEE

Mais au fond, la concentration positive qui a porté ses fruits, le fait de devenir créatif, est en fait une manière de se retrouver soi-même, de renouer avec une part de soi-même laissée en friche. Car l'individu qui est créatif est en harmonie avec lui-même, il a éliminé ce qui l'empêchait de respirer (voir, à la fin du chapitre précédent, ce que nous avons dit au sujet de la respiration du jeune enfant). Bref, l'individu s'éveille à lui-même, à sa créativité.

Une question se pose ici: qu'est donc l'être humain, à l'origine? Qu'est-ce que l'homme? la femme? l'enfant? Au commencement de l'humanité, l'être humain est-il créatif, et sont-ce ensuite les difficultés de l'existence, les traumatismes, le stress, qui l'ont affecté au point qu'il s'est frileusement refermé sur lui-même? Il s'agit là d'une question philosophique qui a agité et partagé en deux camps adverses le monde des intellectuels et des artistes. Les uns ont été optimistes – ils sont allés jusqu'à dire que l'homme, comme le tout jeune enfant, est d'abord créateur et que c'est l'évolution qui, à l'image de l'éducation, lui a rogné les ailes. Les autres se sont voulus pessimistes – ils ont affirmé que l'homme, aussi bien l'enfant que l'adulte, est peu de choses, qu'il est déterminé par son hérédité, par l'influence du milieu dans lequel il évolue, etc.

Il n'est pas question pour nous de nous perdre dans des querelles philosophiques, dans des débats de spécialistes. Mais il serait tout aussi absurde de ne pas répondre aux questions qui se posent légitimement. Nietzsche, le grand philosophe de la fin du XIXe siècle, disait qu'il convenait de passer par la philosophie pour apprendre à nous en débarrasser. Parole profonde! Passer par la philosphie et ne pas adopter vis-à-vis d'elle la politique de l'autruche; mais en même temps, ne pas s'y engloutir, car la philosophie, si haute soit-elle, peut devenir sable mouvant, chemin de traverse, voire marécage lorsqu'elle se mue en occupation morbide, lorsqu'elle n'est plus qu'une obsession qui nous coupe de la vie concrète...

Le problème en tout cas, en ce qui nous concerne ici, n'est pas d'ordre général. Nous ne pouvons que constater plusieurs faits que nous allons citer dans le désordre:

- il est toujours possible d'améliorer sa créativité;
- les techniques permettant d'atteindre ce but existent;
- la créativité a partie liée avec une bonne façon de respirer, et, partant, avec le bien-être personnel;
- puisque l'expérience prouve qu'il est toujours possible d'améliorer sa créativité, mieux vaut, avant de se poser des questions philosophiques, passer à la pratique;
- enfin, plutôt que de se poser la question théorique des limites de la créativité, mieux vaut également aborder le problème par la pratique, c'est-à-dire améliorer sa créativité. Cela tombe sous le sens.

L'EVEIL

La pensée positive, la concentration nous éveille à la part créatrice de nous-mêmes. Elle nous y sensibilise, nous fait y prêter attention; et, au fond, nous éveille à nous-mêmes. Nous découvrons que nous avons un inconscient et des possibilités insoupçonnées. Nous sentons que nous sommes une personne à part entière, et non un individu avec des coins d'ombre et toute une part inerte, toute une dépouille presque morte dont nous aimerions nous débarrasser sans savoir au juste comment. A l'origine de l'humanité, il y a le sommeil, l'inertie, le rien, et la vie, c'est l'éveil à ce qui nous entoure et à soi-même.

Le propre de la concentration positive est d'induire cet

éveil. Si je pense fortement à une idée et que j'y pense de manière positive, et aussi que je donne le temps à cette concentration de s'installer, je crée de la lumière en moi. Je somnolais paresseusement, j'étais inattentif, et je découvre une vérité, une vérité heureuse et physique! Qu'est-ce qu'une idée positive? C'est une illumination. Cela, les philosophes et les psychologues le savent bien. Dès que je trouve une idée juste, je suis illuminé. Tout le monde peut faire cette expérience. On cherche, et puis on trouve, et quand on a trouvé, on a la conviction intime que l'on est dans le juste. On était dans l'ombre, on vient à la lumière. Cette ombre et cette lumière peuvent être symboliques, mais peuvent, être aussi des réalités.

De la méditation, nous dirons un mot en passant; même si ce n'est pas directement notre sujet, mais parce que cela éclaire indirectement notre propos. La méditation n'est pas la concentration. Pour aller très vite, on peut dire que la méditation, c'est de la concentration de pensée positive portée à son plus haut point. Portée à son incandescence. C'est une forme de concentration dont le but ne serait plus de nous rendre créatifs, mais de contempler les vérités supérieures – certains diraient divines. Il n'est possible de se livrer vraiment à la méditation que si l'on s'est déjà exercé efficacement à la pensée positive et si, en même temps, on est déjà devenu créatif. La méditation ne nous concerne donc pas directement ici. Elle dépasse notre cadre.

L'ORIENT (LE YOGA) ET L'OCCIDENT (LA PSYCHANALYSE)

Disons tout de même que sur la recherche de la méditation, ces deux cultures apparemment opposées que sont l'Orient et l'Occident, lorsqu'on y réfléchit profondément, se complètent parfaitement; l'une, la nôtre, est tout entière tournée vers le monde extérieur et les sciences positives, l'autre, l'orientale, au contraire, ne se préoccupant pour ainsi dire pas de changer le monde, d'industrialiser la planète, est tout entière orientée vers l'homme intérieur, vers la spiritualité, l'indicible, l'intime. Or ces deux cultures, qui pourraient sembler divergentes, ont fini par se rencontrer récemment sur la question de la méditation et de la créativité. L'Orient a de tout temps développé des techniques d'éveil, de réflexion, de concentration, de maîtrise du souffle, voire du souffle sexuel, et cela a donné en particulier différents types de yoga, dont chacun est adapté au niveau de conscience de celui qui le pratique; mais tous sont fondés sur l'idée que se cache en nous un corps subtil, un autre nous-même plus fin, plus spirituel, qu'il est possible d'éveiller en agissant sur le souffle par des exercices respiratoires de plus en plus complexes. Ceux qui ont pratiqué le yoga savent que c'est une réalité, et ils sont de plus en plus nombreux à le pratiquer.

Puis, récemment – au début de ce siècle –, l'Occident – l'Europe – a développé une technique dont les effets sont semblables à ceux du yoga. Cette technique, c'est la psychanalyse, qui part, elle, du principe que nous avons tous un inconscient. Le yoga agit directement sur le souffle vital, la psychanalyse sur les souvenirs et les symboles. Psychanalyse et yoga sont des sujets passionnants, et tout homme cultivé ne peut en ce siècle, se dispenser de s'y intéresser. Notons, et ceci rejoint très précisément notre sujet, que la psychanalyse agit encore sur les rêves, c'est-à-dire sur l'imaginaire. Comprendre ses rêves, c'est illuminer sa nuit. C'est pour ainsi dire oxygéner sa psyché. Le yoga oxygène, par le souffle, la dimension corporelle; la psychanalyse oxygène la dimension immatérielle par l'analyse des rêves. Les résultats sont sensiblement les mêmes.

CONSEILS POUR RESOUDRE UN PROBLEME

Il faut donc s'éveiller à soi-même, et peu importe le moyen par lequel on y arrive (nous passerons bientôt à la partie pratique). Ces moments d'éveil peuvent survenir tout seuls, ou par la pratique de la concentration, ou de la méditation. Ce qui peut varier, c'est leur intensité; la vraie méditation donne les illuminations les plus fortes. Nous n'en avons évidemment pas besoin dans la vie de tous les jours. Cependant, ce qu'il faut savoir, c'est que la créativité, étant éveil, fait appel à l'imagination. Un individu sans imagination ne réussit pas grand-chose. Ne faut-il pas en effet imaginer d'abord le but qu'on s'est tracé? Ne faut-il pas parcourir par l'imagination le chemin que l'on va ensuite faire concrètement? Un homme sans imagination est un homme inerte.

Attention, il convient aussi de garder la juste mesure. L'imagination débridée, c'est la «folle du logis». L'individu qui se laisse porter par une imagination sans freins risque de faire des bêtises, de perdre de vue la réalité, le sens du concret. Il s'agit donc d'éveiller, de mettre en branle son imagination, mais aussi, parallèlement, sa raison. Devant une décision à prendre, il importe de peser toujours le pour et le contre. Soit un problème donné, par exemple dans mon travail, que j'ai à résoudre. Ce problème est particulièrement difficile, il m'inquiète parce qu'il semble me dépasser, je n'entrevois pas de solution à ma portée. Eh bien, ce qu'il faut que je fasse, c'est procéder en plusieurs étapes.

• Laisser aller mon imagination. Imaginer des solutions, même irréalisables, même folles. Ne rien refouler. Laisser parler mes désirs, mon imagination.

● Ne prendre dans un premier temps aucune décision. Les solutions qui se sont présentées à mon esprit lorsque j'ai laissé faire mon imagination, je dois seulement les noter sur une feuille de papier, mais surtout ne pas les mettre en pratique.

● Après avoir fait travailler mon imagination – et encore une fois, cela est primordial –, après avoir tout noté, il faut arrêter le processus et se mettre à réfléchir, faire alors intervenir sa raison, sa faculté de juger. Il faut alors peser le pour et le contre. Il faut examiner chacune des solutions, même les plus folles, apportées par le travail de son imagination. Il est très important d'apprendre à avoir un regard critique, et surtout de classer les diverses solutions proposées par l'imagination dans un ordre de préférence qui, lui, sera dicté par notre raison, notre jugement.

● Laisser mûrir quelques instants, si on n'a pas le temps, ou quelques jours, si on l'a. Si possible, dormir sur le problème; car l'inconscient travaillera alors de lui-même. Il fera mûrir la solution. Tout le monde a l'expérience de ces réveils où l'on a trouvé une réponse dans son sommeil. Où tout paraît plus évident.

ASSIMILER LA SUBSTANCE DE CE LIVRE

Mais, direz-vous, si telle est la démarche, et telle semble-t-elle être en effet, comment se conclut-elle? Qu'en est-il de la cinquième étape? Eh bien, si on n'a pas trouvé la solution à la quatrième, si on ne s'est pas assez montré créatif malgré de tels efforts, il faut reprendre tout le processus. Le recommencer. Au bout d'un certain temps, la solution s'imposera d'elle-même. Ce sera une évidence indiscutable. Ce sera une illumination.

Cela est très simple à décrire, direz-vous encore, mais dans la pratique? Nous ferons deux réponses: d'abord, pour apprendre à nager, il faut se jeter à l'eau. Il vous faut donc essayer cette méthode. Il faut vous y mettre en sachant que les résultats ne sont pas donnés d'emblée. En sachant que le facteur temps est forcément un allié précieux. En sachant que de mauvaises habitudes ne peuvent se perdre en quelques secondes ni en quelques jours. Il faut ensuite comprendre que si cette méthode ne donne pas de bons résultats, ce n'est pas parce qu'elle est mauvaise, mais parce que nous sommes engourdis du point de vue de la créativité. Le problème essentiel réside presque toujours dans la première étape: on ne sait pas laisser faire son imagination. Comment y pallier?

Que faire pour laisser aller son imagination, pour qu'elle soit de la partie, pour que nous ne «séchions» pas? Chez certains, l'imagination est quasiment éteinte; ce ne sont pas pour autant des cas désespérés. Cela prendra plus de temps. Dans tous les cas de figure, pour mettre en branle son imagination, il faut se plonger dans un état approprié, dont nous parlerons au chapitre suivant. Mais ici, en cette fin de chapitre, nous supposerons l'imagination éveillée. Comprenons-nous: ceux dont l'imagination dort encore, ceux qui n'arrivent pas à laisser libre cours à la leur, ceux-là peuvent sauter les lignes qui suivent. Ils pourront à la rigueur les comprendre théoriquement, cérébralement, mais non d'une manière pleinement vécue, comme il convient pour que cela fasse enfin partie de soi, pour que cela soit profondément assimilé. A ceux-là, nous conseillons de jeter un simple coup d'œil sur ce qui va suivre, et d'y revenir ensuite, une fois compris, intégré ce que nous dirons au chapitre suivant. Les autres pourront – et devront – passer, dans la pratique, immédiatement à la suite. Le chapitre qui vient leur sera toutefois utile dans une optique de perfectionnement. Soyons clairs: notre livre ne peut être lu une seule fois. Pour qu'il fasse de l'effet, pour que son propos devienne concret et clair, pour qu'il s'imprègne dans la mentalité du lecteur, il faut y revenir à plusieurs reprises. La première lecture pourra suffire à certains, mais à la plupart, non. Nous n'essayons pas de travestir la réalité, de soutenir que devenir créatif est une chose toute simple. Certains donnent à croire qu'il suffit de lire, même rapidement, leur livre pour devenir créatif; nous, nous savons que la créativité est le fruit d'un effort soutenu. Nous savons qu'il faut maintes fois revenir sur les idées développées ici. Nous savons qu'une idée juste se comprend tout de suite mais ne s'assimile que si on la répète, que le moindre exercice pratique doit être répété. Nous le savons et nous le disons, car nous croyons que notre lecteur est capable de comprendre et qu'il refuse à juste titre la démogagogie facile.

La création ressemble à l'hologramme

RECONNAITRE LA CONFUSION DE NOTRE ESPRIT

Il peut se produire, quand on lit un livre – surtout un livre comme celui qu'on est en train de lire –, qu'on craigne de ne pas tout à fait comprendre, qu'on craigne de tomber dans la confusion. Il s'agit de ne rien se cacher, la première loi de la créativité étant la franchise envers soi-même. On ne peut être créatif si l'on se ment: c'est seulement en ayant une vue exacte de ce que l'on est au moment précis où l'on réfléchit que l'on peut envisager de faire des progrès, de découvrir des solutions, d'induire des habitudes nouvelles.

Si l'on ne comprend pas très bien ce qu'on est en train de lire, si on a la moindre hésitation sur la manière de le mettre en pratique – car c'est de pratique qu'il est essentiellement question –, si on hésite un tant soit peu, si on n'est pas tout à fait sûr de soi, il ne faut pas se le cacher. Et comment serait-on d'ailleurs tout à fait sûr, puisque précisément, on lit ce livre pour apprendre? Puisque précisément la créativité résulte d'un travail sur soi, d'un travail qui demande du temps.

En réalité, si on ne comprend pas très bien, il faut se l'avouer mais ne pas s'effrayer ni se décourager. Il faut comprendre – et alors on aura fait un progrès décisif – que si l'on hésite encore, ce n'est pas parce que l'on est confus ou que d'autres le sont, mais c'est que le sujet – la créativité – est un sujet qui nous échappe, parce que riche, trop riche. C'est comme lorsqu'un trop grand nombre d'idées se pressent, et qu'on ne sait plus à quoi se vouer. Abondance de biens risque de nuire, et nuit, comme dit le proverbe, si on ne sait pas garder son calme. Il n'est que trop vrai que le sujet est touffu, surtout au stade où nous en sommes arrivés, et il est vain de ne pas le reconnaître. De ne pas se laisser porter par le courant. Acceptons cette complexité, acceptons la confusion qu'elle jette en notre esprit, acceptons-le sans nous préoccuper des conséquences. Tout se dénouera bientôt.

TOUT FINIT PAR SE DENOUER

Tout se dénouera au moment où nous aurons une illumination, c'est-à-dire quand une bonne idée nous viendra à l'esprit – une illumination, c'est l'équivalent, sur le plan de la méditation, de la bonne idée dans la vie de tous les jours. Une idée ou une illumination, c'est quasiment la même chose mais avec des intensités différentes: l'illumination est plus forte. Quand on a une idée, n'est-on pas illuminé par elle? De fait, la psychanalyse montre que toute idée, si infime soit-elle, illumine notre inconscient. Le rêve, dit Freud, c'est une lumière qui troue la nuit dans laquelle est plongé le dormeur. Alors, acceptons notre simili-nuit – la confusion dans laquelle nous sommes – et attendons un rêve, une petite lumière. Un rêve, une idée, une intuition, tout cela se passe dans les mêmes zones de la psyché. Quand nous avons une idée, ou même une intuition, ou quand nous faisons un rêve, nous sommes donc visités par une lumière. Sur ce point, la science moderne et la psychologie rejoignent la kabbale et l'occultisme dans leurs conclusions. Il est réconfortant de constater que la tradition la plus vénérable de l'humanité rejoint la pointe extrême des connaissances modernes et que cela se produit avec éclat lorsqu'on étudie le phénomène de la créativité.

Quand nous obtenons, donc, une lumière – une idée –, nous avons quelque chose qui ressemble à un îlot de vie sur un océan d'indifférence. L'image est tout à fait adaptée: nous sommes un océan d'habitudes machinales et nous portons en nous quelques îlots de créativité. Ces îlots – poussons la comparaison plus avant – sont d'ailleurs nés à la suite d'une éruption volcanique, comme les atolls dans le Pacifique. En effet, si nous avons une idée, si nous devenons créatifs à un moment, c'est tout d'un coup, mais, en réalité à la suite d'un immense travail de notre inconscient. Cela peut parfois aller jusqu'au coup de génie. Nous ne cherchons pas du tout, évidemment, à devenir géniaux, mais nous savons que la créativité, c'est du génie en petit. C'est pour cela qu'il n'est pas donné d'emblée de le devenir. Mais, comme nous n'avons cessé de le répéter, il est possible d'en faire l'apprentissage et d'obtenir des résultats qui sont loin, très loin, d'être négligeables.

DES ILOTS DE LUMIERE SUR UN OCEAN D'OBSCURITE

Un îlot, ou plusieurs îlots, dans l'océan, qu'est-ce que cela représente? Pas grand-chose, direz-vous peut-être. Bien sûr, ainsi vu de haut, ce n'est rien. Mais pour nous qui avons été créateurs, qui venons d'être illuminés, qui avons trouvé une solution à un problème, qui venons d'ouvrir une porte sur le mieux-être psychique et social, cela compte infiniment. C'est une question de point de vue! Cette découverte, cette créativité, si peu géniale soit-elle – encore une fois, nous n'essayons pas d'être géniaux mais de résoudre un problème qui se pose à nous –, cette créativité dénoue un nœud dans un écheveau tellement complexe qu'il rendait toutes choses confuses. Car la créativité est un besoin, tout le monde a le désir, et un réel besoin, dans sa vie professionnelle, affective, familiale, culturelle ou de citoyen, d'être créatif. La preuve, c'est que quand on devient créatif, tout s'éclaire, et que quand on ne l'est pas, tout est tellement confus qu'on est «mal dans sa peau». Il suffit le plus souvent de devenir créatif pour retrouver la santé psychique. La créativité, comme nous l'avons montré plus haut, n'est-ce pas la création de soi-même? La découverte d'un autre soi-même caché dans son inconscient. Un autre soi-même avec lequel on a rompu dans son enfance, sous l'influence des circonstances et, en particulier, du fait de ne pas savoir bien respirer.

Soit quelques points de lumière dans l'espace, ou mieux encore quelques îlots de créativité dans un océan de vie sans invention – c'est le cas de la plupart d'entre nous; comment faire pour améliorer son état? La réponse tombe sous le sens: il s'agit de faire en sorte que la lumière soit plus importante, qu'elle recouvre un plus grand territoire. Pour cela, deux possibilités: ou bien faire jaillir d'autres îlots de créativité; ou bien étendre chaque îlot comme on ferait d'un morceau de caoutchouc.

Quelle solution choisir? Evidemment, les deux en même temps. Dans la réalité, du reste, les choses se mettent en place sans que nous ayons besoin d'intervenir. Automatiquement. Il suffit pour cela d'appliquer notre méthode – celle qui incite l'imagination à entrer en lice, puis nous amène à passer le fruit de celle-ci au crible d'une analyse rationnelle (voir le chapitre précédent). Spontanément, en même temps que nous trouverons une nouvelle lumière, d'autres lumières qui existaient déjà feront jonction l'une avec l'autre.

LA LUMIERE APPELLE LA LUMIERE

Evidemment, pour que des lumières fassent cette jonction entre elles, ou bien avec celle que nous venons de trouver en résolvant un problème particulier, il faut qu'elles existent. Autrement dit que nous les ayons déjà trouvées, découvertes à un moment ou à un autre. Ce bref chapitre concerne, rappelons-le, ceux qui ont déjà été capables de laisser parler leur imagination, ceux qui ont surmonté les difficultés inhérentes à l'exercice fondamental précédemment expliqué. Si nous l'avons placé ici, c'est pour de nombreuses raisons: d'abord pour passer immédiatement de la théorie à la pratique; ensuite pour faire pressentir – pressentir avant même de comprendre rationnellement – au plus grand nombre ce qu'on découvre lorsque la créativité se met de la partie; enfin et surtout parce qu'il faut d'abord répondre aux besoins les plus immédiats de ceux d'entre les lecteurs qui peuvent tout de suite passer à une étape ultérieure. Cela nous permet de tenir compte du point où en est chaque lecteur.

Il y a autre chose, de plus essentiel encore: c'est de faire sentir ce qu'est la lumière de la création. Vous nous direz peut-être que cela reste théorique: rien n'est moins sûr. Savoir de quoi il en retourne est important, et ce type d'information est très utile pour apprendre à mieux se concentrer. Voici: la créativité d'un individu ressemble à un hologramme. Le lecteur sait peut-être ce dont il s'agit: un procédé de photographie en relief. D'un relief total. Si vous photographiez une sculpture selon ce procédé, vous pouvez tourner autour de cette sculpture. Extraordinaire! Toute grande ville a son musée d'hologrammes.

Certes, la comparaison tombe sous le sens: devenir créateur, c'est commencer à voir le relief de la vie au lieu d'en avoir seulement une photographie plate. Il y a plus encore: quand on prend un morceau du négatif de l'hologramme, qu'on a déchiré en morceaux, on a toute la scupture en plus petit. Oui, sur chaque morceau, toute la sculpture en plus petit! Il s'agit là d'un miracle qui tient à la nature de la lumière, car l'hologramme, c'est de la lumière condensée, alors que dans la photographie traditionnelle, la lumière se disperse.

La créativité est de la lumière condensée, et si l'on est véritablement créateur à un moment ou à un autre, on le deviendra en continuité. Si l'on a vraiment saisi la lumière de la créativité, eh bien, on en disposera en toute occasion, pour n'importe quel morceau du film de la vie. Vertigineux! Ce vertige est le vertige même de la création. Apprendre à devenir créatif, c'est vivre sans crainte d'un tel vertige. Comment faire pour cela? En le vivant pas à pas, laborieusement mais sûrement, comme nous le faisons en cet ouvrage. Revenons donc à l'imagination. Revenons-y pour ceux chez qui elle est bloquée (voyons comment faire pour l'éveiller). Revenons-y aussi pour ceux qui ont déjà réussi à être créatifs et à faire fonctionner l'imagination (assurons-nous des bases, voyons dans le détail comment cela fonctionne).

Se désinhiber pour retrouver sa complexité

L'HUMAINE COMPLEXITE

Chaque être humain est un réseau enchevêtré de données psychologiques. Quelque chose de complexe, d'infiniment complexe. La «chose» la plus complexe que nous connaissions, à la fois forte et faible, généreuse et avare, inventive et sans imagination, ne fonctionnant jamais sur une seule dimension. Seuls les robots ont une dimension unique. La loi de la vie est celle de la complexité. C'est ce qu'un penseur comme Edgar Morin vient de découvrir, mais cela était déjà connu des sages de l'Antiquité, de grands philosophes, comme Héraclite, Empédocle, etc.

Chacun d'entre nous est donc à la fois ce lecteur averti qui a tout de suite compris l'exercice mentionné plus haut, visant à éveiller son imagination et la mettre en pratique en la confrontant aux impératifs de la réalité, à l'examen de la raison, et, *en même temps*, un autre lecteur qui sèche lamentablement, qui ne sait pas comment mettre en branle son imagination, qui est démuni, incapable de faire naître en lui la moindre image. Oui, chacun de nous est ces deux personnages à la fois: cela dépend des moments et des circonstances. On peut être fertile sur un sujet particulier – par exemple: organiser de bonnes vacances – et être tout à fait démuni lorsqu'il s'agit d'une initiative amoureuse. On peut être à la fois boute-en-train en société et timide avec les femmes. Nul n'est parfait, ni entièrement imparfait. Les hommes sont des créatures moyennes. A moins, évidemment, d'être un génie ou un monstre.

SENTIR CE QU'ON PENSE

Cela revient à dire que ce que nous allons considérer maintenant intéresse tous les types de lecteurs, aussi bien ceux qui sont avertis que les autres. Il s'agit de répondre à la question: comment éveiller son imagination? Comment se désinhiber de ce point de vue? Nous touchons là la base de la créativité. En effet, le créateur, ou créatif, ressemble à un alchimiste qui travaille sur une matière première – pour nous, l'imagination! Ou, mieux encore, à Mme Curie quand elle découvrit le radium. Il lui fallut épurer des tonnes et des tonnes de terre – la matière première – pour en extraire quelques grammes du précieux métal radioactif. De même, la créativité, c'est beaucoup imaginer pour extraire une parcelle utilisable. Mais encore une fois, comment imaginer? Comment éveiller son imagination?

S'il y avait une recette, un mode d'emploi qu'il suffirait d'appliquer comme on applique une formule, ce serait bien simple. Ce livre deviendrait inutile; tout un chacun appliquerait la recette et deviendrait créatif. La réalité est autre, car l'homme n'est pas une machine mais un être complexe. La première règle, c'est de sentir que l'on pense. Expliquons-nous brièvement. Cela en vaut la peine.

LES IDEES NE TOMBENT PAS DU CIEL

Raisonnons un peu. Pour deux motifs: d'abord, parce que c'est une bonne gymnastique; ensuite, parce qu'il s'agit de comprendre ce que nous voulons dire. Plus on comprendra, moins on s'en tiendra à des formules ou à des idées toutes faites, plus on deviendra créatif. Plus on mettra des chances de son côté. Nous voulons dire que la pensée, l'idée, ne tombe pas du ciel mais qu'elle est l'«enfant», le produit de celui qui pense: vous, moi, tout le monde. On croit que les idées tombent du ciel; ce n'est pas vrai! Elles résultent toujours d'un effort. Et même lorsqu'elles nous viennent par surprise, elles sont le fruit d'efforts antérieurs. D'un intense travail de notre inconscient. Cela nous fait penser aux images pour enfants où l'on voit un paysage et où l'on nous dit qu'en regardant bien nous verrons un lapin caché dans le paysage. Et en effet, au bout d'un moment, en faisant bien attention, nous découvrons un lapin caché derrière un buisson, par exemple. Un lapin dont le dessin se confondait avec les traits du buisson. Nous sommes alors surpris. Nous croyons que ce lapin, nous l'avons vu tout à coup, qu'il nous a «sauté aux yeux»; ce que nous oublions, c'est que, si nous le voyons maintenant, c'est parce que nous avons fait extrêmement attention, parce que nous l'avons cherché. Eh bien, pour les idées, il en va de même: si elles existent, c'est parce que nous les avons cherchées.

Il serait toutefois vain de croire que les idées existent par elles-mêmes, en dehors de nous et que nous allons simplement les chercher. On n'achète pas les idées comme des produits de consommation. Pour ce qui concerne les idées authentiques, les idées que nous vivons dans la créativité, et non les idées convenues que nous répétons par habitude, elles résultent d'un effort, d'une recherche, d'un travail. Même si nous ne nous en apercevons pas toujours. Un créateur est celui qui a conscience de ce fait, que les idées ne tombent pas du ciel. Un romancier sait que ses personnages sont des créations personnelles. Il ne lui viendra jamais à l'esprit qu'ils puissent être autre chose.

La vérité, l'extraordinaire vérité que nous découvrons au fur et à mesure que nous devenons plus créatifs, c'est qu'il y a des pensées qui sommeillent en nous. Nous ne sommes pas vides, ni superficiels: nous avons une épaisseur, nous avons des idées, même si elles sont d'abord étranges. Même si pour commencer nous ne savons pas leur donner un nom ou un visage. Nous avons toujours infiniment plus d'imagination que nous le pensons. Le problème est de faire le pas pour se désinhiber. Comment? Mais comment? La solution est toute simple: en s'oxygénant. En faisant en sorte que notre corps apprenne à respirer.

S'OXYGENER POUR SE DESINHIBER

Tout le monde sait ce que respirer veut dire. Nous respirons tous: si nous ne le faisions pas, nous mourrions. C'est une évidence! La respiration est un mécanisme qui se produit automatiquement: inutile d'y penser. Bien plus: faire de l'intellectualisme à ce sujet a quelque chose de gênant. Cela peut devenir néfaste pour la respiration elle-même. Si on veut se regarder respirer, on risque de mal respirer. De porter atteinte à ce mécanisme qui doit rester inconscient. Mais une fois qu'on a fait de telles remarques, on n'a pas tout dit. Deux observations s'imposent.

● D'abord, il est intéressant de savoir que certains yogis peuvent se rendre maîtres de leur souffle, peuvent respirer ou arrêter de respirer comme ils le veulent. Plus important encore du point de vue de la santé: ils peuvent à volonté maîtriser le rythme de leur respiration, respirer plus vite – très vite –, ou moins vite, ou très lentement. On n'imagine pas de quoi ils sont capables en ce domaine. Leurs expériences ont été vérifiées par des contrôles scientifiques très stricts; il a été établi qu'en respirant différemment, il était possible de modifier sa manière d'être.

Simplifions: en respirant vite, on s'oxygène plus vite et on devient plus nerveux. Cela est recommandé aux flegmatiques. En respirant moins vite, en inspirant et en expirant avec calme, avec le plus grand calme possible, on finit par acquérir une forme de sérénité.

Certains yogis qui pratiquent par ailleurs un type particulier de discipline, le «yoga tantrique», agissent sur leur souffle sexuel. Ils peuvent «tenir» extrêmement longtemps sans éjaculer et donner de la sorte une jouissance hors pair à leur partenaire. On dit même – du moins les textes le rapportent, mais ce n'est pas prouvé –, qu'en se refusant à éjaculer, ils accroissent leur énergie vitale.

• Ensuite, il convient de noter que les expériences que nous venons de décrire, d'autres tout aussi passionnantes et l'enseignement tiré de la vie quotidienne montrent que la plupart d'entre nous respire mal. Nous ne savons pas nous oxygéner convenablement. Nous nous étiolons, à force!

La respiration, c'est la vie. Tout dans la nature, hommes, animaux, plantes, échange par la respiration un fluide vital avec le monde extérieur, et, de loin en loin, avec le cosmos. L'enfant respire dans le ventre de sa mère, et nous, nous respirons dans la nature. Nous ne respirons pas seulement par nos poumons mais par tous nos organes et par tous nos pores. Nous avons perdu l'habitude de bien respirer, et cela à la suite du stress de la vie dans les grandes cités, ou des chocs de la prime enfance. Quand nous respirons, quand nous prenons une bouffée d'air, nous en ressentons aussitôt les effets bénéfiques. «Prenons un bol d'air frais», dit le dicton populaire.

RESPIREZ!

La preuve que nous ne savons plus respirer comme il le faudrait nous est donnée par un exercice fort simple: inspirez profondément et expirez calmement. Rien de plus simple, direz-vous. Soit. Faites-le. Eh bien, si vous procédez honnêtement, sans tricher, si vous respirez ainsi deux ou trois fois bien profondément, vous éprouvez un léger vertige. Chez certaines personnes, le vertige peut être important: elles peuvent même arriver jusqu'à perdre connaissance. La raison en est claire: ces personnes n'ont pas l'habitude de s'oxygéner et une partie d'elles-mêmes est comme morte.

Maintenant que cette partie vient, pour ainsi dire, d'être ramenée à la vie, la personne se sent particulièrement mal. Ou plutôt ressent une sorte d'ivresse. Elle est comme quelqu'un qui n'a pas l'habitude de boire et qui prend une boisson très forte.

En pratique, la première chose à faire est d'apprendre à s'oxygéner pour faire en sorte que notre organisme puisse fonctionner à plein. Cela tombe sous le sens quand on y réfléchit: comme c'est nous qui créons les idées, qui nous illuminons – nous avons vu au chapitre précédent que les idées étaient comme des lumières sur l'inconscient –, comme c'est nous-mêmes qui créons les idées, il vaut mieux être en bonne forme si l'on veut être performant en ce domaine.

Il faut que la circulation de l'air se fasse en chacune de nos cellules pour que nous puissions permettre leur plein rendement à nos capacités. Nous voulons devenir créatifs? Mais qu'est-ce qu'être créatif, sinon être performant dans le domaine le plus sophistiqué, le plus complexe qui soit? Impossible de le devenir sans un corps qui fonctionne bien dans ses réseaux subtils.

SUR LA VOIE DE L'EXTREME COMPLEXITE

Il se conçoit aisément que la créativité est le plus complexe du complexe. C'est-à-dire la chose la plus fine, la plus complexe, que puisse produire l'être le plus complexe qui soit, l'homme; complexité démultipliée, pour ainsi dire. Ce qui ne signifie pas complication: la complexité est richesse tandis que la complication est quelque chose de tortueux qui, en définitive, imite la vraie richesse mais n'en est que la pâle copie. Observez les gens complexes: vous pressentez en eux une grande richesse, mais en même temps une simplicité extrême. Ce ne sont que les faux complexes, ceux qui n'ont au fond nulle richesse véritable, qui, pour donner le change, compliquent les problèmes à plaisir. Il est vrai, et c'est malheureux, que cette espèce nuisible est fort répandue et que rien ne peut lui interdire de sévir. Qu'on comprenne bien: le véritable intellectuel, le véritable créateur, l'artiste authentique, n'a rien d'un compliqué. Ni rien d'un cérébral. C'est l'autre, le faux créateur, le «faiseur», en un mot, qui se donne des airs et qui, pour tromper son monde, obscurcit les choses les plus claires, «pinaille», met de la «nuance» ou de la complexité là où il n'y en pas.

Einstein était un individu très simple, qui aimait la compagnie de ses semblables. Il était capable d'expliquer sa théorie à des enfants. Oui, à des enfants. Les anecdotes fourmillent à son sujet. Mais les autres scientifiques ne sont que rarement capables d'exposer la relativité (la théorie d'Einstein) à des adultes. La richesse de cœur, d'esprit comme toute richesse, est toujours simple et sans façons. Il faut se pénétrer de cela pour se rassurer et ne pas se perdre dans des méandres, ni tomber entre les mains d'un charlatan.

La simplicité intense est complexe. Elle est lumière intense. Lumière que nous ne sommes pas toujours préparés à recevoir. Si l'on est un individu tortueux, on n'y comprendra goutte. Il y a une qualité de cœur, une honnêteté, une authenticité qui sont indispensables sur le chemin de la créativité. La plupart des gens ont peur, ou n'ont pas assez confiance en eux, ou ne sont pas suffisamment cultivés pour une telle tâche. Mais comme ils ont malgré tout envie de progresser, ils se livrent à un gourou. Or, en matière de créativité, il n'y a pas de gourou. Celui qui prétend en être un n'est qu'un charlatan. Il faut que chacun fasse son chemin propre en tirant de soi-même les forces dont il a besoin. Personne ne pourra faire le chemin à votre place. L'état de créativité, c'est la preuve que nous sommes devenus des adultes, des gens responsables. Des gens responsables devant la vie.

DEVENIR SON PROPRE GOUROU

On dira qu'on a toujours besoin d'un gourou, sinon d'un maître du moins d'un initiateur. On dira qu'on ne voit pas pourquoi l'apprentissage, la quête de la créativité échapperait à la règle. On ajoutera qu'une créativité qui échapperait à la règle finirait par échouer. Par orgueil, qui détruit tout. Parce que personne n'a la science infuse. Parce qu'enfin le savoir, le savoir véritable qui résiste à toutes les contingences, est une *transmission*. Un professeur, un ami ou un gourou, il faut qu'il y ait quelqu'un qui, au départ, en sache plus que vous et qui ait envie de vous transmettre ses connaissances. C'est vrai, mais il faut comprendre également que le gourou, ici, ce doit être vous-même.
En effet, comme personne ne peut faire le chemin à votre place, il faut qu'une partie de vous-même, une de vos dimensions, enseigne à l'autre. Mais pour que cela se produi-

se, ferez-vous observer à juste titre, il est nécessaire que la partie qui enseigne détienne un savoir. Comment cela est-il possible? Sachez que votre inconscient détient le savoir après lequel vous courez et qu'il est possible de l'oxygéner afin de lui permettre de jouer un rôle positif.

Ne poussons pas l'analyse plus loin. Ne retenons chaque fois de la théorie que ce dont nous avons besoin pour progresser dans la pratique. Résumons-nous: nous pouvons devenir notre propre gourou. Nous pouvons apprendre tout seuls à devenir créatifs. Cela est très simple à saisir. Si nous voulons devenir créatifs, il y a deux parts de nous-mêmes qui s'opposent: celle qui veut devenir créative et celle qui ne l'est pas. Tout l'effort consistera à faire en sorte que la première part, celle qui veut être créative, prenne le pas sur l'autre. D'inverser l'ordre de prédominance. Car vouloir être créatif, c'est déjà l'être.

Seulement, il s'agit de pouvoir vouloir. Ne croyez pas à un jeu de mot, un calembour – mauvais, d'ailleurs. Il s'agit plutôt de ce que l'alchimiste Fulcanelli, le plus célèbre occultiste contemporain, appelle la «kabbale phonétique». Le langage contient la vérité. Notre expression (pouvoir vouloir) se rapproche de l'expression célèbre de Nicolas Flamel, l'alchimiste médiéval, «le désir désiré». Mais trève de spéculations, point trop n'en faut. Les exercices pratiques porteront évidemment sur la respiration.

UN BREF EXERCICE TOUS LES MATINS

Voici ce que nous préconisons avant toute chose, avant même de commencer sa journée: inspirez profondément par le nez (aller très profond) et expirez aussi profondément, toujours par le nez. Il faut sentir son diaphragme se soulever pendant l'expiration, et son ventre se gonfler pendant l'inspiration. Très simple, direz-vous. Oui, mais ne sentez-vous pas une brûlure sur vos poumons? Ne sentez-vous pas un vertige, fort ou léger? C'est l'oxygénation qui se fait. Une oxygénation vivifiante et dont vous aviez perdu l'habitude.

Au début, faites cet exercice de 3 à 5 fois, le matin, devant votre fenêtre ouverte, ou bien dans une pièce aérée. Ne faites que cela. Si vous voulez accroître le bienfait que vous ressentirez ensuite, buvez un grand verre d'eau fraîche. Accoutumez-vous à faire cet exercice tous les matins, quel que soit le temps qu'il fait, et quelle que soit votre forme. Faites-le toujours, en toute occasion, sauf lorsque vous êtes grippé.

Vous verrez vous-même qu'au bout de quelques jours, quand l'habitude sera prise, quand le bon rythme s'installera de lui-même, vous éprouverez un bien-être. Vous serez en forme. Plus précisément, votre organisme se sera accoutumé à autre chose. Il sera capable, il aura envie de tout faire pour que vous soyez créatif. Ou du moins, un peu plus créatif que vous n'avez l'habitude de l'être. Un tout petit peu même, pour commencer. Mais c'est en ajoutant le peu au peu que le fléau de la balance finira par pencher du bon côté.

Donc, au début 3 à 5 fois. Mais, direz-vous peut-être, et si rien ne se passe, ou que je ne le sente pas? En réalité, si quelque chose se passe, on le sent soi-même. Pour ce qui est du bien-être, pour ce qui est d'un changement psychologique, on est capable d'être son propre gourou, son propre contrôle. Vous verrez! Il y a un sentiment physique qui ne trompe pas et qui ne souffre aucune discussion. Si ce sentiment ne vient pas, si vous n'êtes pas tout à fait sûr, c'est que vous faites mal l'exercice. C'est que vous n'avez pas encore réussi à vous oxygéner. Persévérez, cela viendra. On a vu des personnes ne rien éprouver pendant des mois, et puis tout d'un coup avoir le déclic. Ces personnes passent alors par un très grand vertige et ressentent de très grandes brûlures aux poumons. Il ne faut pas s'en effrayer. Tout se remet en place tout seul.

Pour la plupart des gens, le rythme qui convient s'installe et les effets attendus se manifestent au bout de trois semaines à un mois et demi. La seule difficulté est de persévérer jusqu'à ce que l'effet espéré se produise. Vous direz: rien n'est plus facile. Oui, en théorie. Mais dans la pratique, les gens ont tendance à se décourager. Ou bien ils oublient. C'est dommage! Parce que cela constitue un exercice indispensable. Un exercice qui oxygène le corps et qui le discipline – nous l'avons suggéré lorsque nous avons évoqué les prouesses des yogis. L'individu finit par mieux «se prendre en main» car il est maître de son souffle. Celui-ci n'est plus désordonné.

En définitive, il faut – la règle est absolue – persévérer dans ces exercices bien simples et très faciles, jusqu'à ce qu'ils produisent un effet et qu'ils deviennent une habitude. Quelque chose qu'on fasse sans presque y penser. Cela est possible. De nombreuses personnes y sont parvenues. Nous en connaissons plusieurs. Il n'y a pas de loi ici: cela dépend de vous. C'est le seul petit effort qui vous est demandé. Alors, puisque personne ne peut le faire à votre place, puisque l'occasion vous est donnée de devenir quelques instants par jour votre propre gourou, bon courage! Quand vous réussirez, vous comprendrez que vous vous êtes désinhibés. Désinhibés – soyons précis – en partie. C'est-à-dire qu'un ou plusieurs blocages qui agissaient inconsciemment sur votre corps subtil ont cédé. Il se passe sur le plan physique ce qui va se passer ultérieurement sur le plan spirituel: un nœud se défait, une ombre fait place à une lumière.

Nouveaux exercices: la respiration et les associations d'idées

EN QUETE DU CORPS DE LUMIERE

Quand on s'oxygène, on agit sur son corps subtil et sur son inconscient. Les ombres cèdent la place à la lumière, puisqu'on voit les choses plus clairement, que les idées viennent, qu'on se trouve aussi en meilleure forme. Mais posons-nous une question: quelle est la forme suprême de ce point de vue? Quel est l'état le plus lumineux? A quel moment avons-nous le moins d'obscurité? Eh bien, la tradition occulte – celle qui est née en Grèce avec Héraclite (encore lui!), qui nous a suivis, nous Occidentaux, tout au long de notre histoire et qui rejoint point par point celle du peuple juif, de la Kabbale et de la Bible, déchiffrée comme un message secret, de la Bible secrète –, cette tradition affirme que l'état suprême est obtenu lorsque l'être humain atteint son corps de lumière.

Arrêtons-nous un moment. Ce n'est pas si absurde que cela peut en avoir l'air la première fois qu'on en prend connaissance. En effet, il y a des indices qui nous mettent sur la voie; la brûlure que nous éprouvons dans les poumons lorsqu'on respire profondément alors qu'on n'en a pas l'habitude ne symbolise-t-elle pas le feu? C'est-à-dire la racine de la lumière, comme disent les sages. Et le vertige, l'ivresse, ne préfigurent-ils pas un état paradisiaque!

On rétorquera que nous exagérons. Nous ne disons pas du tout qu'il s'agit du Paradis – ce serait ridicule! – mais, comparé à l'état de non-créativité, à l'état d'inertie, c'est paradisiaque. Nous faisons remarquer au lecteur que nous employons l'adjectif et non le nom.

LES TROIS CORPS DE L'ETRE HUMAIN

En tout cas, voyons ce que rapporte la tradition; cela est curieux et nous sera fort utile dans notre quête du gourou intérieur, condition préalable à la capacité de créer. D'après la tradition, tout être humain, tout individu, mâle ou femelle, est composé de trois parties: un corps, une âme et un esprit. Et plus précisément, dans son langage, elle dit que l'être est formé de trois enveloppes successives: le corps physique, le corps subtil et le corps de lumière. Ce corps de lumière, nous pouvons le réintégrer après notre mort, et c'est cela le Paradis. Mais certains êtres doués, ou qui ont été choisis par des sociétés secrètes pour telle ou telle raison, peuvent y avoir accès dès cette vie même. Ces êtres, ce sont les initiés de haut grade. Les rose-croix – ceux de la Renaissance, non pas ceux d'aujourd'hui – et ceux que les francs-maçons appellent du nom mystérieux de «Supérieurs inconnus».

La tradition affirme encore une chose très intéressante: qu'il est possible de s'éduquer pour se rapprocher de l'état initiatique. Elle donne de multiples exercices qui, tous, sont fondés sur la respiration et l'oxygénation. Le yoga en est un exemple fort connu et pas mal pratiqué de par le monde. Quand nous sommes en forme, dit la Tradition, nous nous souvenons du Ciel, nous avons un avant-goût du Paradis. Ne soyez pas timides ou pudibonds: c'est vrai; la jouissance amoureuse, n'est-ce pas cela?

PRODIGIEUSES CAPACITES DU CORPS DE LUMIERE

Qu'est-ce que cet état paradisiaque? Qu'est-ce que ce corps de lumière? (Ces questions ne nous éloignent pas de notre sujet; au contraire, elles nous en rapprochent infiniment). Un corps de lumière est quelque chose qui aveugle par sa trop grande luminosité. Ou du moins qui aveugle les vivants, car les autres, les défunts qui ont conquis le droit de réintégrer leur corps de lumière, sont tout à fait capables de supporter un tel éclat. Un rapprochement s'impose avec le sujet précis qui est le nôtre; c'est que, si les non-créatifs sont incapables de comprendre la créativité, c'est bien parce que celle-ci les aveugle. Mieux encore: quand vous essayez d'accroître votre créativité, comme nous sommes ensemble en train de le faire, vous vous situez dans la vie comme quelqu'un que la lumière aveuglerait provisoirement.

Quel est ce corps de lumière? Il faut sans cesse se poser la même question jusqu'à lui faire rendre tout son suc, à la manière d'un fruit qu'on presse jusqu'au bout. La tradition, confirmée par la parapsychologie moderne, celle qu'on enseigne dans certaines universités des Etats-Unis, dit qu'il n'existe aucun obstacle matériel, spatial ou temporel pour le corps de lumière. Il connaît tout, et cela en n'importe quel point de la terre, ou même de l'univers. Il sait miraculeusement ce qui est en train de se produire à des milliers de kilomètres, ou ce qui s'est produit en tel ou tel endroit il y a cent mille ans, trois ans, et même un milliard d'années. Il sait ce qui se passera demain ou dans des années. Il est dans l'univers à la manière d'un hologramme. Plus précisément, l'univers est un vaste hologramme dont il est un fragment. Sans faire de philosophie, cela tombe sous le sens: ne sommes-nous pas un fragment de

77

nature? Ne le sommes-nous pas même si nous avons tendance à l'oublier?

Les livres sacrés, comme le Brad Tho Tol, le «Livre des morts» thibétain, expliquent cela[1]. Et cela est fabuleux! Mais ne nous laissons pas emporter par notre enthousiasme, même si celui-ci se justifie. Examinons les choses avec calme. La tête froide, essayons de savoir ce que cela signifie. Eh bien, cela signifie qu'il n'y a pas de distance pour le corps de lumière entre le faire et le dire. Dire et faire, désirer une chose et la voir se réaliser, sont plus que des synonymes: ils sont une seule et même chose. Il suffit que le corps de lumière dise: voici un arbre, ou me voici en Chine, pour que l'arbre miraculeusement surgisse ou que le corps de lumière se trouve transporté en Chine à une vitesse tellement grande qu'il ne s'en est même pas aperçu. Dans le monde du corps de lumière, tout va à des vitesses encore plus grandes que celle de la lumière qui, sur terre, est la plus grande qui soit.

Il n'y a donc ni obstacle de temps, ni obstacle de distance, ni obstacle pratique. Le corps de lumière dit quelque chose et, ce disant, il fait. Et cela, cette possibilité d'action tout à fait extraordinaire que nous ne connaissons pas sur la terre, parce que notre corps physique emprisonne notre corps de lumière, cette possibilité, qu'est-elle sinon ce que nous avons appelé le «vouloir pouvoir»? Lorsque Nicolas Flamel évoque le «désir désiré», il sait de quoi il retourne! C'est ce qui, en conclusion, nous permet d'établir les bases théoriques de la créativité. Car, encore une fois, dans celle-ci se passe en petit, en infiniment petit, ce que nous avons décrit en grand. La création est une infime parcelle de paradis arraché au ciel. Infime et moins qu'infime, mais c'est quelque chose de très précieux.

Voir Pierre Vigne, *La Réincarnation*, éditions De Vecchi.

ALLER ENCORE DE L'AVANT

Reprenons ce que rapporte la tradition. Celle-ci parle de trois corps – remarquez ce chiffre 3, il est sacré en occultisme. Trois corps donc: le corps physique, le corps subtil et le corps de lumière. Le premier est le plus grossier, le moins créatif, le plus obscur. Le dernier est le plus créatif, le plus lumineux. Le second, le corps subtil, se situe entre les deux autres. Il n'est ni tout à fait grossier ni tout à fait lumineux. C'est l'âme, qui n'est ni l'esprit ni le corps. Sur terre, on ne peut évidemment espérer agir, si on veut agir de manière stable, que sur le corps subtil. C'est-à-dire que l'oxygénation a beau être profonde, elle connaît tout de même des limites. La forme spirituelle, la forme psychologique, la créativité, c'est l'éveil du corps subtil.

Les exercices de respiration que nous avons donnés dans le chapitre précédent ne permettent pas de devenir tout de suite et pour toujours créatifs, bien qu'ils incitent à l'être et facilitent la tâche. Mais ils sont comme un décrassage indispensable. C'est une mise en forme préalable.

Nous avons dit qu'il fallait faire cet exercice sur un laps de temps court, mais avec la plus grande régularité. Nous n'insisterons jamais assez sur la nécessité de la régularité. Ces exercices doivent devenir une seconde nature. On doit finir par les faire aussi naturellement que sa toilette du matin. On doit atteindre l'état où on éprouve un manque quand on ne fait pas ses exercices. A la fin, cela fera partie de nous-mêmes. Nous aurons trouvé le bon rythme. Nous aurons appris à respirer un peu mieux.

Une respiration peut, et doit, s'améliorer sans cesse. L'entraînement ne doit jamais fléchir. Soyons plus précis, l'entraînement doit, et peut, se perfectionner. Une fois les premiers pas faits, le reste vient facilement si on le désire. Là encore, il faut vouloir. Plus on progressera, plus le «pouvoir vouloir» s'imposera comme une évidence, et plus le faire et le dire seront des synonymes. Ils ne seront jamais confondus, mais ils se rapprocheront.

Après quelques mois (six à neuf) consacrés à ce premier exercice, on pourra «augmenter la dose». Mais il ne faut rien tenter tant que la vitesse de croisière du premier exercice (quelques respirations) n'est pas atteinte. Aller trop vite risque de tout remettre en cause; il faudrait alors tout recommencer avec une patience infinie.

Il est évidemment possible de s'en tenir au premier exercice, de ne pas vouloir aller plus loin. Chacun est juge en la matière. Cela dépend des besoins et des désirs, et aussi de la volonté, de la patience, du temps de chacun. Chaque individu est un cas particulier. La créativité est toujours affaire personnelle. Cela s'entend. Rappelons que la créativité, c'est, d'une certaine manière, se créer soi-même, devenir son propre gourou.

Il n'empêche qu'il est toujours possible d'aller plus loin, quel que soit le résultat obtenu. Vous sentirez vous-même jusqu'où vous pouvez aller.

NOUVEAUX EXERCICES DE RESPIRATION

En tout état de cause, ces exercices de respiration peuvent s'enrichir. Une fois les premiers exercices devenus une seconde nature, une fois qu'ils sont intégrés à vous-même – et, encore une fois, vous le sentirez sans problème –, il faut passer à d'autres, qui sont les suivants:
- garder le même nombre restreint d'inspirations et d'expirations, mais à un rythme accéléré;
- garder le même nombre, mais à un rythme très lent;
- augmenter le nombre d'inspirations et d'expirations;

– inspirer par une narine en gardant l'autre fermée (la boucher avec le doigt) et expirer par l'autre narine.

Ces exercices sont tous des variantes de l'exercice de base. Il est laissé à votre libre appréciation de les faire ou de ne pas les faire. Mais, quoi qu'il en soit, ils doivent *successivement* être faits dans l'ordre où nous les avons donnés. Et il faut, bien évidemment, avant de passer à un autre, que vous soyez tout à fait assuré de celui que vous avez fait en dernier. Il faut que l'exercice que vous êtes en train de faire depuis quelque temps déjà, soit devenu une seconde nature.

ASSOCIATIONS DE PENSEES

Parallèlement, conjointement, c'est-à-dire *en même temps*, vous vous livrerez, pour vous mettre en forme, à des exercices psychologiques. Oxygénation de tous les côtés à la fois pour éveiller vraiment, efficacement, le corps subtil. Pour inciter votre imagination à se mettre de la partie.

Ces exercices sont, en psychologie, appelés «associations de pensées».

L'association de pensées est une pratique courante depuis la naissance de la psychanalyse. Elle consiste à obtenir des mots «induits» en fonction de mots «inducteurs». On peut prendre, comme mot inducteur, «cheval», «cuiller», «sel», tout ce que l'on voudra, le choix est arbitraire. Les mots induits sont ceux qui viennent à l'esprit lorsqu'on a prononcé le mot inducteur. Il s'agit donc d'obtenir des mots induits à partir d'un mot inducteur, puis de classer les mots obtenus. Nous nous expliquons: le principe de base de l'associationnisme est que, lorsque deux états de conscience se réfèrent à un même état affectif, ils s'associent le plus généralement. Or, cet état affectif, ce dénominateur commun, peut rester inconscient, et l'une des grandes découvertes de Sigmund Freud a été de frayer la voie à l'inconscient en quête de lumière en inventant la méthode des associations libres.

La méthode des associations libres consiste, comme son nom l'indique, à laisser entière liberté à l'individu de se livrer à toutes les associations, voire aux plus insolites; le mot «cheval» peut s'associer dans votre esprit aux mots «beurre», «océan», «fusée», «politique»; comme à «rue», «téléphone», «âne», «directeur», etc., comme à n'importe quels autres. Ces associations font sauter les «verrous de l'inconscient», c'est-à-dire les inhibitions psychologiques. C'est la meilleure chose à faire pour commencer, avec les exercices de respiration.

Voici comment procéder dans la pratique.

● Choix du mot inducteur (n'importe lequel). Il peut vous venir spontanément, vous trotter dans la tête; ou bien au contraire, vous pouvez le choisir volontairement. Soit en vous laissant aller, soit en ouvrant au hasard le dictionnaire. Le mieux, évidemment, est que le mot vous vienne spontanément aux lèvres.

● Ecrivez ce mot inducteur sur une grande feuille de papier blanc, comme un titre en haut, au milieu, en majuscules.

● Prenez une inspiration et ne pensez plus à rien. Puis, l'inspiration prise et l'expiration faite, laissez les mots induits vous traverser l'esprit.

L'inspiration comme l'expiration doivent être tout à fait naturelles et pas très profondes. Il ne s'agit plus du tout d'exercices de respiration. Ceux-là, vous les avez déjà faits. Il s'agit donc de quelque chose de rapide.

Les mots qui vous traversent l'esprit, inscrivez-les comme ils vous viennent, les uns à la suite des autres. Ils peuvent être très nombreux, ou au contraire fort rares. Contentez-vous de la moisson que vous avez obtenue. Si toutefois aucun mot induit ne se présentait, ou bien vous prenez une nouvelle inspiration et vous expirez de nouveau, ou bien vous changez de mot inducteur. Vous rayez alors celui que vous avez inscrit et vous en écrivez un autre pour un nouveau départ.

PERFECTIONNEZ L'ASSOCIATIONNISME

Pendant trois semaines environ, vous ne faites que cela. Ensuite, l'exercice se prolongera par une prise de conscience. C'est-à-dire qu'une fois que vous avez noté les mots induits, vous les classez par «voisinage de sens». Par exemple, si j'ai «téléphone», «directeur», «âne», «cheval», «beurre», «politique», je peux isoler les ensembles suivants:
– téléphone, directeur, politique;
– âne, cheval;
– beurre.
Ensuite, je réfléchis aux rapports des mots entre eux. Pourquoi, dois-je me demander, le mot inducteur a-t-il donné naissance à de tels ensembles? Quelle est la signification de cela? Acceptez toute idée qui vous vient à l'esprit. L'idée la plus folle, la plus inattendue. Cela ne vous engage en rien. Vous apprendrez seulement à faire ainsi travailler votre imagination. Vous aurez fait sauter des «verrous».

Les gens sont classés en imaginatifs et non-imaginatifs. Certains d'entre vous auront un matériau – des mots induits – très riche, c'est-à-dire un très grand nombre de mots. Un si grand nombre que la difficulté se posera lors du classement. Si vous craignez de vous perdre, vous pouvez mettre de côté les mots qui vous inspirent le moins et vous attacher aux autres. Mieux vaut quelques ensembles bien circonscrits qu'un très grand nombre, qui risque d'être confus.

Si, par contre, vous séchez devant votre feuille de papier, procédez de la sorte. Si vous n'avez pas réussi à moissonner un nombre suffisant de mots induits, procédez comme précédemment, respirez de nouveau, ou changez de mot inducteur. Si la sécheresse persiste, si vous êtes toujours à court d'inspiration, laissez tomber l'exercice pour quelques minutes, ou pour la journée, ou même pour quelques jours. Mais dans ce cas, sachez que, s'il est certain que les choses mûriront et que vous serez bien inspiré lorsque vous reprendrez, cette reprise ne se fera pas facilement pour autant. Une paresse se saisira de vous. Il vous faudra alors vous secouer. Cela ne dépend que de vous.

Si la sécheresse se situe à un autre niveau, c'est-à-dire si vous ne savez comment classer les mots que vous avez obtenus, si vous ne le savez vraiment pas, procédez au hasard. Ensuite, relisez-vous, et si le hasard vous convient, réfléchissez au pourquoi de ces ensembles par rapport au mot inducteur. Si le classement du hasard ne vous convient pas, modifiez-le si vous pouvez. Si vous ne le pouvez pas, contentez-vous de ce que vous avez.

S'ouvrir et s'enraciner

DEVENIR CITOYEN DE LA PLANETE TERRE

Il est très étonnant, mais aussi très significatif, que les méthodes de créativité rejoignent des vérités traditionnelles. La science, la science de pointe, rejoint ici le yoga, les tarots et la kabbale. Nous le disons non pas par simple volonté de faire de la théorie, ou pour essayer de prouver quelque chose, mais parce que chacun d'entre nous pressent – sent confusément, sans précisément savoir pourquoi – que la créativité dont il a besoin, à laquelle il aspire, à laquelle le monde actuel aspire, combine d'une manière ou d'une autre les sciences les plus positives de l'Occident (les nôtres) et la subtilité de l'Orient.

Est-ce un hasard si, en même temps, à la même époque, se manifestent à la fois le désir de se «décontracter», de devenir plus subtil, plus fin, par le yoga et toutes les techniques qui dérivent de l'occultisme hindou, chinois ou japonais, et le désir de se mettre à l'écoute du monde, de soi-même et de son environnement par le «training autogène», la psychanalyse, etc? Est-ce un hasard si la créativité, l'authentique créativité, réunit et conjugue tout cela? La créativité n'est-elle pas le fait de l'homme complet? Celui-ci saurait-il se fermer à quoi que ce soit?

Des études psycho-sociologiques ont été menées ces dernières années, commandées par les organismes internationaux, les gouvernements et les grandes agences de publicité. La question posée était: «Que désirent réellement les gens?» Nous ne nous appesantirons pas sur les méthodes employées. Elles ont été évidemment très sophistiquées. Ces études sont d'autre part restées confidentielles – la presse de grande diffusion n'en a pas parlé, ni la télévision. Et c'est sur la base des informations qu'elles ont apportées que s'élaborent désormais aussi bien les grandes campagnes publicitaires que de nombreuses politiques; la politique de l'environnement, par exemple: les gouvernements ont découvert, ou plutôt commencent à découvrir, l'urgence qu'il y a à avoir une véritable politique de protection de la planète. Le slogan sera: «La Terre est, elle aussi, un être vivant».

Ces études, qui ont demandé des moyens considérables pour être menées à terme, ont dégagé un certain nombre de conclusions qui intéressent directement notre sujet. Les gens, en un mot, veulent se cultiver, retrouver les racines de l'humanisme et en même temps s'ouvrir à leur environnement et aux autres gens. Se cultiver, devenir créatifs, devenir les acteurs de leur propre existence, leur «propre gourou». Mais comment? En retrouvant leurs racines, c'est-à-dire en retrouvant la vérité véhiculée par les sciences occultes, ou, plus précisément, l'antique sagesse philosophique. L'humanité actuelle appelle la philosophie de ses vœux. Mais attention, cette volonté de retrouver les racines ne consiste pas à se fermer frileusement aux autres. Au contraire! Les gens comprennent d'instinct que les frontières sont caduques, que le racisme est un très dangereux archaïsme. Ne sommes-nous pas à l'époque où les échanges de personnes et de biens sont devenus le sel de la terre? D'autre part, avons-nous une planète autre que celle sur laquelle nous vivons?

LA KABBALE CREATRICE

Psychanalyse, sciences psychologiques les plus modernes d'une part, tarots et kabbale de l'autre – la méthode pour développer sa créativité conjugue les deux. Pour ce qui est de la psychanalyse, nous avons vu l'usage que nous devons faire de l'association de pensées. Notons d'ailleurs que presque toutes les techniques psychologiques actuelles qui ont fait leurs preuves sont issues de la psychanalyse et des découvertes de Freud sur l'inconscient.

En ce qui concerne les sciences occultes, celles qui sont véhiculées par la Tradition, plus ou moins secrète, nous nous référerons à trois disciplines: le yoga, la kabbale, les tarots. Du yoga, art de bien respirer, d'oxygéner son corps pour atteindre sa dimension subtile, nous avons retenu qu'il était nécessaire pour nous libérer.

Nous nous sommes, d'autre part, inspirés de la kabbale, sans la nommer, dans un des exercices précédents. En effet, quand nous classons les mots induits et que nous les comparons au mot inducteur, que faisons-nous d'autre? La kabbale est une spéculation sur le langage. Elle naît de la conviction que les mots recèlent une vérité divine. Ils sont des éclats du Verbe créateur, le Verbe avec lequel Dieu a créé le monde, avec lequel il a «pu vouloir pouvoir». Dieu a dit: «que la lumière soit», et la lumière fut. Il suffit à Dieu de vouloir pour que la chose qu'il a voulue soit. Qu'on nous pardonne d'affirmer que Dieu est le plus grand parapsychologue qui existe.

Spéculation sur les mots, sur la langue, jusqu'à lui arracher son secret, magie du verbe, du son et du sens, la kabbale est aussi spéculation sur les nombres. Or – mais cet exercice ne concerne que les créateurs qui ont atteint le degré ultime de leur art, artistes, savants, grands hommes d'affaires, etc. –, après avoir classé les mots et après avoir réfléchi –

spéculé – sur leur sens relativement au mot inducteur, il faut passer à une étape plus difficile. En même temps qu'on écrit les mots induits qui nous viennent l'un après l'autre à l'esprit ou aux lèvres, il s'agit de relever le temps que nous avons mis à les trouver. Par exemple, si «cheval» est le mot inducteur, je l'écris en haut de ma feuille de papier blanc. Ensuite, les mots induits qui se pressent sont: «casserole», «politicien», «voiture», «beurre», etc. Je les inscris évidemment à la suite, mais à côté d'eux je note l'heure qu'il est. Ainsi, si j'ai commencé à 8 heures, que le premier mot «casserole» ait été prononcé par moi à 8 h 07, et que le second l'ait été à 8 h 12, etc., j'ai une échelle de temps de 7 secondes, 5 secondes, etc. Chaque ensemble a un poids qui est son temps moyen (additionner les temps de ses mots, puis diviser par le nombre de mots).

La réflexion porte de la sorte non seulement sur le sens mais sur l'intensité. Plus un ensemble a un temps faible, plus il est intense. Cela se conçoit: un mot, ou un ensemble de mots, qui a été trouvé rapidement est plus fort, plus intense qu'un mot, ou qu'un ensemble de mots, qui a été trouvé lentement, avec hésitation. Qu'on n'oublie pas en cours de travail que la réflexion ou la spéculation est une quête de la lumière, de l'illumination, qui vient spontanément couronner les efforts de celui qui cherche. Quand on réfléchit, fait-on autre chose que réfléchir la lumière subtile? Et *speculum* – d'où vient notre «spéculer» – n'est-il pas un mot latin signifiant miroir?

CE QU'EN DIT HERMES TRISMEGISTE

Freud était-il un kabbaliste? Des auteurs très sérieux l'affirment. En fait, peu nous importe: ce qui est important, c'est que sa méthode coïncide d'une certaine manière avec

88

la kabbale. Ce qui nous importe, c'est de comprendre que les exercices de kabbale pratique nous préparent à la créativité. Ils ouvrent l'imagination. Ce qui importe également, c'est de savoir que pratiquer de tels exercices a un double effet:

– nous rendre créatifs;
– nous cultiver, puisque nous appliquons alors notre esprit à des choses spirituelles. Nous conseillons vivement au lecteur de lire des ouvrages sur la kabbale et sur tout ce qui ouvre l'esprit à l'ailleurs.

Enfin, lorsque nous avons suggéré de classer au hasard les ensembles de mots induits – lorsque ne se dégageait pas un classement rationnel –, puis, éventuellement, de corriger ce hasard, qu'est-ce donc, sinon la manière de tirer les tarots? Que fait-on en cartomancie? On laisse le consultant choisir au hasard et ensuite, on procède à un classement. Le hasard veut dire quelque chose. Il est significatif.

La philosophie de l'occultisme fonde ce point de vue. Pour elle, il n'y a pas de hasard. Tout est signifiant. La raison en est que l'être est un fragment de l'univers, de la même manière qu'un morceau de cliché hologrammique est un fragment complet de la photographie que l'on a prise. Ce sont là les rapports entre le microcosme – l'homme – et le macrocosme – l'univers. Et Hermès, le trois fois grand, le fondateur de l'ésotérisme, disait à ce propos: «Ce qui est en haut est comme ce qui est en bas».

TROISIEME PARTIE

APPROCHER DU SECRET
DE LA CREATIVITE

La vie, la mort, la créativité

DIFFERENTS NIVEAUX DE CREATIVITE

Pensée positive, respiration, psychanalyse – c'est-à-dire, en ce qui concerne cette dernière, essentiellement association de pensées et ouverture vers l'ailleurs par la voie des sciences occultes –, pensée positive, respiration et psychanalyse donc, telles sont les trois clefs de la créativité. Il s'agit, comme nous l'avons vu, de pratiquer une série d'exercices dans le but de se mettre en forme, de se «conditionner». Car la créativité, c'est – nous n'avons cessé de le répéter – la meilleure manière d'être bien. L'individu créateur prend en effet tout en main: son corps physique, son corps subtil, voire son esprit. Il devient ainsi son propre gourou.

Il y a différents niveaux, cependant, dans le processus de créativité. Chacun doit déterminer le sien, et cela viendra avec l'habitude. Tout le monde n'est pas Einstein ou Mozart, ou Dante, et ne pas le savoir est le contraire de la créativité: c'est une aberration, pour ne pas dire pure folie. Ce qui est sûr, en revanche, c'est que chacun d'entre nous peut devenir plus créatif qu'il ne l'est. Répétons-le encore. Répéter de telles vérités, qu'on n'a pas l'habitude d'entendre, fait partie de la mise en condition.

De même, il y a différents exercices adaptés à différents

niveaux: nous l'avons entrevu précédemment. Il ne faut pas brûler les étapes. Nous avons insisté sur le fait que la respiration doit devenir une seconde nature. Tout le secret est là: devenir créatif naturellement. Ce qui était compliqué, difficile, voire impossible change du tout au tout et devient la chose la plus naturelle du monde. C'est au moment où une étape est franchie, où l'état qui lui correspond est naturel, va de soi, c'est à ce moment seulement qu'il convient de passer à un autre niveau. Autrement, on courra à l'échec. Par exemple, il est vain et il est dangereux de chercher à augmenter sa respiration, son rythme, si on n'y est pas préparé, si, par exemple, ses poumons brûlent, ou si on a tendance à perdre connaissance alors même qu'on pratique l'exercice dont on a l'habitude.

LES PENSEES S'ATTIRENT LES UNES LES AUTRES

La création, avons-nous dit, ressemble à un hologramme. Chaque fragment du cliché contient la photo entière. Si l'on enrichit la photo de nouveaux éléments, d'un nouveau paysage ou de nouveaux personnages, on enrichit chaque fragment du cliché. De la même façon, chaque fois qu'en cours d'apprentissage de la créativité on passe d'une étape à l'autre, on est obligé d'enrichir ce qu'on connaissait déjà. Cela signifie qu'on reprend les mêmes choses, des choses qu'on avait déjà vues, ou dites, et qu'on les enrichit. On découvre toute leur complexité, qui jusqu'alors restait cachée. Que le lecteur ne s'étonne donc pas s'il nous voit ici revenir en arrière. C'est pour mieux avancer.

Certaines de nos croyances sont positives, d'autres sont négatives. Cela dépend de chaque individu. Ce qui est intéressant ici, c'est de se demander ce qui arrive lorsqu'une pensée négative – et encore une fois, tout le monde en a – se présente à la conscience. C'est simple et évident: les pensées négatives s'attirent l'une l'autre. C'est une règle générale: les pensées s'attirent l'une l'autre, et ce en fonction de leur tonalité. Les pensées positives s'enchaînent en cascade, les pensées négatives s'agglutinent comme des aimants.

On n'a même pas le temps de voir comment cela se produit. Il tombe donc sous le sens qu'à partir du moment où nous nous laissons aller à une pensée négative, pessimiste, sur notre compte ou sur le monde tel qu'il va – évolution de la société, pollution, montée de l'intolérance, etc. –, les pensées pessimistes s'appellent les unes les autres. Cela constitue un fait d'expérience: il semble qu'on déroule un écheveau de pensées pessimistes.

Cependant, nous voudrions faire une remarque: si vous allez jusqu'au bout de votre pessimisme, si vous y allez vraiment, vous finirez par vous moquer de tout. Vous vous direz: «Que m'importe, en définitive. Rien n'a d'importance. La situation est tellement désespérée que je ne peux absolument rien y faire. Je m'en moque, après tout. Après moi, le déluge». Malheureusement, la plupart des gens ne vont jamais jusqu'au bout d'eux-mêmes, car ces pensées désespérées sont des amorces de pensées positives. L'existence bascule en effet dans une légèreté qu'on avait perdue de vue.

Il se produit ici un phénomène semblable à celui que les coureurs connaissent bien et qu'ils appellent le «deuxième souffle». Lorsqu'un coureur est à bout, lorsqu'il va abandonner parce que le souffle lui manque, il se produit une sorte de miracle: un second souffle, c'est-à-dire des réserves d'oxygène insoupçonnées, prend le relai du premier. L'individu se dit alors joyeusement que l'humanité et lui-même ont plus de ressources qu'on croit.

PRENDRE LE GOUVERNAIL

Les choses deviennent donc évidentes. Quand on broie du noir, quand on développe des pensées négatives, on ne peut créer ni «être bien». Deux solutions s'offrent alors à nous.

● Soit court-circuiter les pensées négatives, se dire qu'elles n'ont pas une si grande importance – et d'ailleurs, dans la pratique, c'est vrai. Parce que, tout simplement, si on est pessimiste, c'est parce qu'on n'a pas les moyens de trouver une solution créative. Qu'on la trouve, par chance, parce qu'un ami vous vient en aide ou parce qu'on a fait des exercices de créativité, et la pensée négative n'a plus de raison d'être.

● Soit aller jusqu'au bout de son désespoir. A terme, comme nous l'avons entrevu, on se dira que ce ne peut être pire. Un peu d'air frais, ou de lumière, passe alors. Un nouveau cycle commence: celui des pensées positives.

En fait, pensées positives et pensées négatives finissent par s'engendrer mutuellement dans des cycles alternatifs. Si on laisse aller les pensées positives sans rien faire pour les fortifier, on finira par se dire: «C'est trop beau pour durer», et on ouvrira ainsi une brèche où s'engouffrera leur contraire. L'homme est un équilibre entre le plus et le moins. L'important est de prendre conscience de ce processus. Prendre conscience permet de choisir la direction. L'individu est semblable à un navire ballotté par les flots de la vie. Ne pas prendre le gouvernail, ne pas négocier avec les vagues, ne pas foncer quand le chemin est tracé, ne pas se plier aux éléments quand le besoin s'en fait sentir, n'est-ce pas courir à la catastrophe? Tout le monde sait cela, par son expérience et par son intelligence.

Il ne suffit cependant pas de se contenter de décrire les choses, il faut les expliquer. Interrogeons-nous sur les origines psychologiques de la pensée négative, c'est-à-dire de la pensée non créatrice poussée à l'extrême: ce sont le traumatisme de la naissance, le problème parental – ce que Freud appelle le complexe d'Œdipe, dont nous reparlerons – et la peur, bien naturelle, de la mort.

LE TRAUMATISME DE LA NAISSANCE

La naissance, la venue au monde, est le premier traumatisme vécu par l'être humain. On connaît des malaises psychologiques qui s'expliquent par ce traumatisme, et qui se guérissent lorsque le sujet en prend conscience, comme dans la cure psychanalytique.

Voyons de plus près de quoi il retourne. En fait, le tout jeune enfant passe d'un système respiratoire à un autre système respiratoire. Il vivait en symbiose avec sa mère, il respirait dans son ventre, et tout d'un coup, il respire l'air ambiant. L'oxygénation se fait alors de manière différente. C'est un choc, et un grand choc. C'est même le choc vital essentiel, puisque le petit être devient d'une certaine manière autonome. La tradition occulte explique ce fait par ceci: dans le ventre de sa mère, le corps physique et le corps subtil du bébé coïncident, sont une seule et même chose. Lorsque le bébé pousse son premier cri, ce qu'on appelle le «cri primal», le corps subtil et le corps physique se séparent. Le cri primal marque cette déchirure.

L'occultisme ajoute, et cela nous intéresse au plus haut point, que cette séparation signifie que l'être humain va commencer son aventure terrestre mais qu'il ne doit pas oublier pour autant le lieu d'où il est venu et vers où il retournera un jour. C'est cet oubli, ajoute l'occultisme, qui est la cause de nos malaises, des nœuds négatifs dans notre tissu vital. La psychanalyse de son côté appelle ces nœuds des complexes.

En tout cas, la non-oxygénation et, en conséquence, la non-créativité viennent d'une incapacité à assumer entièrement la respiration hors du ventre maternel. Si nous ne savons pas respirer, si nous sommes maladivement timides, si nous ne sommes pas inventifs, épanouis, c'est parce que nous ne respirons pas comme il convient. Les êtres non créatifs sont des êtres qui sont restés attachés à la vie intra-utérine. La plupart d'entre eux ne se sont pas, psychologiquement parlant, complètement détachés de leur mère, et n'ont pas acquis une réelle maturité. Ces individus – et ils sont infiniment plus nombreux que nous ne le croyons – une fois qu'ils ont quitté leur mère, reportent tout leur attachement infantile sur leur épouse ou sur une autre femme.

Cela peut aller jusqu'à la maladie psychique: la névrose, ou même la psychose. Mais cela peut simplement créer des malaises inconscients. Il faut bien s'avouer que personne n'est tout à fait détaché de son enfance, du ventre de sa mère. Même les plus libérés d'entre nous ont parfois envie de retrouver l'état fœtal. Il n'y a qu'une chose à faire: le reconnaître honnêtement et négocier avec.

Négocier, c'est-à-dire:

– faire la part de notre faiblesse, ne pas se surestimer, savoir qu'on ne peut pas être un vainqueur absolu; accepter de signer un armistice, après avoir montré sa force, sans timidité;

– apprendre à respirer, à s'oxygéner. Cela pour pouvoir fortifier son inconscient, et par conséquent se fortifier soi-même.

L'ADULTE SAIT QU'IL N'EST PAS LE CENTRE DU MONDE

Le problème parental constitue le second facteur de pensées négatives. L'enfant, et même le bébé, qui, s'il ne raisonne pas, sent les choses par tous ses pores, a de la réalité une vision fantasmagorique. Il se croit le centre du monde, il se croit un enfant divin. Il croit que tout, les éléments et les autres humains, à commencer par ses parents, est fait pour le servir. Comment voudriez-vous qu'il en soit autrement? Mettez-vous à sa place en imagination. S'il pensait différemment, s'il savait qu'il n'était comme nous tous qu'un être humain parmi des millions d'autres, il serait pris d'une peur panique. Le monde, n'étant pas fait pour lui, ne lui semblerait pas destiné. Il vaut mieux se tromper dans un premier temps que sombrer dans un découragement total.

C'est l'enjeu de l'adolescence, puis du passage à l'âge adulte: se rendre compte qu'on n'est plus le centre du monde. C'est l'humanité entière qui s'en est aperçue à la Renaissance quand, malgré la répression de l'Eglise et de l'Inquisition, il fut démontré que la terre tournait autour du soleil, et non l'inverse comme on le pensait jusqu'alors. L'humanité est passée à l'âge adulte au moment où elle a compris qu'elle n'était pas le centre de l'univers.

Or, lorsque l'être humain comprend qu'il n'est qu'un humain parmi tant d'autres et que la terre, la société, sa famille même ne sont pas faits pour lui seulement, il reçoit un choc dont il est difficile de se relever vraiment. Freud a montré que l'angoisse et le chagrin qui en résultent sont refoulés, c'est-à-dire s'enfouissent dans l'inconscient. A la manière d'une blessure profonde et secrète.

Les êtres libres psychologiquement sont ceux qui ont su s'accommoder de cette blessure. Les autres, ceux qui n'y sont pas parvenus, ou mal, sont partis pour être égocentriques ou déboussolés toute leur existence. Egocentriques, c'est-à-dire ramenant tout à eux. Déboussolés, c'est-à-dire incapables de se trouver un centre dans leur vie d'adulte (travail, affections, art, etc.). Or ce sont là les deux états psychologiques qui empêchent de devenir créatifs. Se renfermer sur soi, être incapable de sortir de soi pour rencontrer les autres, pour «se frotter» à eux, pour observer le monde tel qu'il est, avec ses douleurs et ses joies, empêche de faire l'effort nécessaire pour devenir créatif. De même, si l'on est déboussolé, on ne peut se concentrer. Qui dit absence de concentration dit impossibilité à créer.

ETRE HUMBLE, MAIS FERME

Comment dépasser cet état infantile? Une règle d'or: personne n'est tout à fait libre ni tout à fait névrosé. Chacun d'entre nous est à la fois un adulte, un être libre et responsable, et en même temps un individu qui s'attarde à un stade antérieur de son évolution, de même que chacun d'entre nous – nous ne le répéterons jamais assez – est à la fois, dans sa vie, créatif et non créatif; d'où l'apprentissage auquel nous ne cessons de convier le lecteur, qui l'amènera peu à peu, par des exercices appropriés et par une réflexion bien conduite, à prendre conscience de cette donnée de base.

Chacun d'entre nous est à la fois l'un et l'autre selon un dosage particulier. Il ne faut donc pas s'inquiéter de ses insuffisances sur le plan créatif, sur le plan de l'inventivité ou de l'éveil, mais seulement savoir les reconnaître: c'est le premier pas. Toutefois, il ne faut pas penser à s'arrêter là: il faut *négocier* avec la part de nous-mêmes à laquelle on ne s'attaquera pas cette fois-ci, à laquelle on ne cherchera pas

100

une seule seconde à s'attaquer; mais ce, aux fins d'avoir les coudées franches quant à la toute petite part de nous-mêmes sur laquelle nous estimons pouvoir avoir prise.
Un exemple: quand vous commencerez les exercices de respiration, vous ne prétendrez pas vouloir atteindre votre corps subtil (comment le pourriez-vous? Vous n'êtes qu'un débutant). Vous penserez modestement que vous voulez respirer un tout petit peu mieux. Votre objectif sera d'acquérir un peu plus de confort. Quand vous aurez ce petit confort, vous serez en meilleure condition pour être créatif. Vous aurez l'esprit un peu plus clair. Cela ne voudra rien signifier d'autre. Il serait absurde de vous mettre en colère ou de vous décourager parce que vous êtes encore incapable de changer de vie, ou de faire mieux. La règle est d'être modeste mais extrêmement ferme quant à cet étroit champ d'action qui est le nôtre.

LE PROBLEME PARENTAL

Revenons au petit enfant qui se prend pour le centre du monde. Tout semble le lui prouver: il ne vit que par sa bouche (manger), par son anus (évacuer) et par ses pores (ressentir les caresses). Il est entièrement passif, et tout semble destiné à le servir. C'est évidemment une absurdité, mais le petit enfant est si démuni! A peine cependant, s'éveille-t-il à la réalité, ou à la conscience, que plus rien ne correspond à ce qu'il a cru quand il est venu au monde. Aussi vit-il l'événement comme si ses parents le désapprouvaient, comme si ses parents le trahissaient, l'abandonnaient, s'occupaient moins de lui. Notons en passant que cet état de crise culmine au moment de la naissance d'un frère ou d'une sœur. L'enfant est alors désespéré, même s'il ne sait pas exprimer ce désespoir. Il faut lui être alors très attentif.

L'enfant qui se croit désapprouvé par ses parents est plongé dans le désespoir et la colère. Mais il n'a ni les moyens ni la force d'exprimer cet état. Il est faible physiquement, il pressent qu'il se trouve à la merci des adultes, et il ne possède pas les mots qui lui permettraient de dire ce qu'il ressent. C'est à ce moment-là que s'installent les angoisses avec lesquelles il lui faudra traiter sa vie durant. C'est à ce moment-là que l'individu se démet de sa personnalité. Il se remet totalement entre les mains des adultes. Il faut, dès ce moment-là, lui faire comprendre qu'il lui sera possible de devenir plus tard son propre gourou. C'est dommage de ne pas pouvoir le faire. C'est de ce moment, en effet, que date l'impossibilité d'être créatif, de devenir son propre gourou.

Il y a donc là un passage très difficile, dont l'individu garde la marque, au plus profond de lui, toute sa vie. Il faudrait en tenir compte dans l'éducation. C'est même l'objectif des pédagogies modernes; mais elles ne sont pas encore tout à fait entrées dans les mœurs. En tout cas, en ce qui concerne notre lecteur, la question est de savoir si, dans son enfance, il a bien vécu le moment où il a compris qu'il n'était pas un dieu que tout le monde sert. Il ne s'agit pas pour lui de s'atteler à une psychanalyse – il n'en a pas besoin! – mais de mieux se comprendre.

Qu'il réfléchisse à ses moments de colère ou de découragement, actuels aussi bien que passés, et qu'il se demande s'il n'a pas été puéril. Qu'il ne s'en veuille pas: il ne s'agit pas de se culpabiliser, au contraire, mais d'essayer de retrouver son enfance pour la comprendre. Si le lecteur n'est pas tout à fait capable de mener à bien ce travail, cela n'a nulle importance. Le fait d'y être sensibilisé suffit. Il y a beaucoup de pain sur la planche!

CREER POUR ETRE VIVANT

La troisième raison inconsciente des pensées négatives, du sentiment d'infériorité et de l'incapacité à créer réside dans la peur de la mort. Cette peur est tout à fait naturelle et nous travaille tous, même si nous le nions. Elle peut se manifester de manière très différente, depuis le «A quoi bon?» jusqu'à la peur panique et la névrose. Que faire, demanderez-vous?

Remarquons d'abord que cette peur a beau être naturelle, il ne faut pas qu'elle nous empoisonne. De nombreux individus réussissent à maîtriser cette angoisse et réussissent à être créateurs. Il y a une chose qu'il faut comprendre parfaitement: la non-créativité résulte de la soumission à l'angoisse. Un individu qui se bat contre son angoisse réussit à l'oublier par moments. Celui qui y songe toujours finit par se laisser manger par elle. Le «A quoi bon?» prend alors des proportions inquiétantes.

Il est hors de question de minorer l'importance de la mort. C'est elle qui donne à l'existence tout son sérieux. Simone de Beauvoir le montre dans son roman *Tous les hommes sont mortels*. Elle y décrit un personnage qui a la particularité d'être devenu, par miracle, immortel. Quelle chance, direz-vous! Eh bien, non. Détrompez-vous. Cet homme s'ennuie, et ne recherche que la mort pour que son existence prenne un sens. Si le temps n'existait pas, tout perdrait en effet son sens. Le «A quoi bon?» régnerait en maître, mais d'une autre manière. On se demanderait: à quoi bon faire aujourd'hui ce que je peux remettre à plus tard? C'est parce que nous savons que nous mourrons un jour que nous agissons dans le présent. Cela, l'expérience le montre. Une réflexion, même élémentaire, sur le sujet conduit à la même conclusion, et les philosophes, comme Simone de Beauvoir, n'ont cessé de le répéter.

Mais il y a mieux encore! Qu'on veuille bien considérer ce-ci: si on est intensément occupé à vivre, on n'a pas le temps de penser à la mort. C'est en effet lorsqu'on «décroche», à la suite d'un stress, d'une grande fatigue, ou pour toute autre raison, qu'on pense qu'un jour on quittera cette terre avec regret. Que faire? Deux solutions:
- faire en sorte que, tant que la vie est là, on ne se laisse pas envahir par la mort;
- faire en sorte que le jour où on est obligé de partir, on parte sans remords ni regret.

Mais comment? Nous allons essayer de répondre à cette question.

Lorsque nous suggérons de ne pas se laisser envahir par l'idée de mort, il ne s'agit pas de ne plus réfléchir, de ne plus méditer; au contraire, la méditation est la condition *sine qua non* de la créativité. Il s'agit de *bien* réfléchir: nous avons vu que les idées justes, les idées claires, sont lumineuses. Les autres sont obscures, et ce sont précisément des idées de mort. Si on réfléchit avec justesse sur la mort, on découvre que c'est un événement naturel, qui n'est pas triste. Cela ne signifie pas du tout qu'il soit donné à tout le monde de bien réfléchir à la mort. La plupart d'entre nous ne sont ni des saints ni des philosophes, et, quand ils évoquent la mort, celle-ci reste pour eux un scandale, quelque chose de tragique. Il est très difficile de la penser, de la sentir, comme un événement naturel.

Cependant, ce qui est tout aussi certain, c'est que lorsque nous avons une pensée négative, ce n'est pas à la mort que nous pensons, malgré ce que nous croyons. Une pensée négative est toujours provoquée par un stress, qui bloque la créativité. Chaque fois qu'on croit parler de la mort, on ne se rend pas compte qu'on ne fait qu'évoquer un mauvais souvenir inconscient, un mal-être, notre incapacité à devenir créatif, à devenir son propre gourou, à inventer des solutions nouvelles et un mode de vie plus humain, plus heureux. Il faut donc le savoir et ne pas se faire «tout un cinéma». La mort, la vraie mort, nous ne pouvons pas la penser: elle nous échappe. Elle est impensable, disent les philosophes. Aussi, quand nous sommes découragés, quand nous nous disons «A quoi bon?», quand nous évoquons la mort ou tout autre prétexte, nous ne faisons que nous cacher une paresse, un complexe, une absence de savoir.

La raison essentielle des mauvaises pensées sur la mort, c'est le vieillissement, et en particulier le vieillissement prématuré. On se dit: «Je suis trop vieux pour devenir créatif». C'est encore une mauvaise excuse. D'abord, la limite du vieillissement est sans cesse reculée. On est aujourd'hui longtemps jeune. Cela est dû aux progrès de la médecine, mais aussi à l'évolution des mentalités, qui admettent désormais que les gens du troisième âge ont une tâche, une fonction sociale, à remplir. Qu'ils ne doivent plus être mis à l'écart.

Lorsque nous avançons qu'il faut faire en sorte que le jour où on est obligé de partir, on parte sans remords ni regret, ce qu'il faut y entendre, c'est que l'être humain, l'être aux trois corps – corps physique, corps subtil et corps de lumière – est une charge d'énergie cosmique qui est venue sur terre pour s'épuiser. Nous sommes venus sur terre pour y mourir. Ce qui est en jeu, c'est une charge énergétique qui a besoin de se dépenser. Se dépenser, qu'est-ce que cela veut dire? Vivre. Tout simplement, vivre. Un individu qui n'est pas créatif, qui ne se crée pas lui-même, qui ne devient pas son propre gourou, qui n'est pas bien dans sa peau, ne vit pas réellement, pleinement. C'est certes un être vivant, animé des mouvements de l'existence, il souffre, il jouit, il est heureux, angoissé, il est habité par l'espoir ou le désespoir, il n'en reste pas moins qu'il lui manque quelque chose d'essentiel. Il sent que sa vraie vie se trouve ailleurs. Qu'elle lui échappe.

Cet individu qui n'a pas su, ou n'a pas pu dépasser ses insuffisances ne s'avoue qu'il n'utilise pas pleinement ses possibilités, que sa charge énergétique ne dépense pas tout à fait ses virtualités, comme disent les physiciens. Il enfouit cette constatation au plus profond de son inconscient; mais ce dernier provoque en retour mal-être, remords, etc., car il sait ce qu'il en est. L'individu a beau l'oublier, l'inconscient le lui rappelle, et ce essentiellement au travers de sa respiration et de son manque de créativité. Sa respiration qui ne fonctionne pas comme elle devrait le faire, par l'insuffisance de l'oxygénation des cellules de cet individu; son manque de créativité, qui fait de cet être humain, cet homme ou cette femme, non pas un sujet, mais un objet. Il est porté par les circonstances au lieu d'agir, de s'épanouir. C'est-à-dire qu'au lieu de dépenser l'énergie dont il est constitué, qui le traverse, il la refoule. Il en a peur.

L'être humain est venu sur terre pour se créer. Cette vérité philosophique, on peut la vérifier dans la pratique de tous les jours. Si l'on ne s'épanouit pas, si l'on n'invente pas des solutions originales dans sa vie professionnelle, si l'on n'aime pas et si l'on n'est pas payé en retour, si on se referme sur soi au lieu de voyager et de se cultiver, si en un mot, on devient une mécanique – un objet en mouvement –, le regret, le remords nous travaillent, sourdement d'abord, puis de façon aiguë lorsque nous pensons à notre mort, ou plutôt – car nous avons vu que nous ne pouvons pas penser réellement à la mort – lorsque nous pensons au fait qu'un jour nous devrons partir. Quitter notre vie, notre corps, la planète. Nous en aller pour un voyage vers l'inconnu.

Si en revanche, nous avons réalisé notre «programme», si nous avons bien vécu, si nous nous sommes montrés créatifs, si nous avons amélioré notre situation, si nous nous sommes ouverts, si, en un mot, nous sommes devenus des acteurs de notre vie – car c'est cela, la créativité –, nous partons l'âme en paix. L'occultisme, la tradition, expliquent la chose par le fait que l'individu est venu sur terre pour se réaliser. C'est seulement lorsqu'il s'est réalisé, lorsqu'il a su se prouver qu'il était un être humain en pleine possession de ses possibilités, de sa force, qu'il peut franchir l'étape suivante. S'il n'a pas réalisé son «programme», s'il n'a pas brûlé comme il convient la charge énergétique qui l'habitait, il ne pourra pas franchir le seuil de l'inconnu. Que se passera-t-il alors? La tradition judéo-chrétienne parle d'un purgatoire ou d'un néant, d'un enfer; la tradition hindoue, d'une réincarnation. L'individu, dit-elle, revient sur la terre pour réaliser ce qu'il n'a pas été capable de réaliser.

CREER, C'EST RAJEUNIR

Mais, de ce point de vue précis, qu'est-ce qu'être créatif? Gardons en mémoire qu'on devient créatif pour améliorer son bien-être. N'oublions pas qu'aujourd'hui, il ne s'agit pas d'un plus qu'on peut ou non s'offrir, mais, comme nous l'avons montré au début de ce livre, d'un besoin vital. Celui qui ne crée pas est dépassé par l'évolution de l'histoire. Les pays qui n'innovent pas, les individus qui se laissent porter et qui ne prennent pas leur destin en main sont condamnés à plus ou moins brève échéance. Créer, devenir créatif dans la vie de tous les jours, est devenu une nécessité incontournable. Qui ne crée pas, qui n'en éprouve pas le besoin, est un mort-vivant, pourrait-on dire. Créer, c'est donc être pleinement soi-même. Si je veux améliorer ma situation professionnelle, si je désire que mes instants de bonheur durent, si je désire me battre pour cela, c'est que je sais que cela me fera du bien et que j'en ai besoin. Alors, je surmonte ma paresse et mes craintes. Alors, je m'y mets.

Créer, c'est se rajeunir sans cesse. Se rajeunir sans cesse, comment est-ce possible? Nos cellules ne vieillissent-elles pas inéluctablement? Nos membres ne perdent-ils pas de leur vigueur et de leur élasticité? La réponse n'est pas si évidente qu'il y paraît de prime abord: on peut, en effet, rajeunir à tout moment. C'est ce qu'enseignent les alchimistes, qui avaient fabriqué l'élixir de longue vie. Cet élixir est une autre forme de la pierre philosophale.

En fait, le secret est simple. Les alchimistes disent que tout le monde le connaît, mais que bien peu nombreux sont ceux qui y prêtent attention. Ce secret, le voici: à chaque étape de l'existence, il nous est donné de choisir entre la créativité et la non-créativité. Choisir la non-créativité au moment de l'adolescence, c'est se vieillir avant l'âge.

Choisir la créativité dans sa vieillesse ne nous évite pas de vieillir physiquement, mais donne un esprit jeune. Qui a un esprit jeune améliore sa condition physique et, surtout, vit sa vieillesse comme une nouvelle jeunesse. Une jeunesse évidemment particulière, avec des plaisirs différents, mais parfois plus intenses. N'est-ce pas dans la vieillesse qu'on a réellement le temps de s'occuper d'enfants, par exemple? N'est-ce pas dans la vieillesse qu'on trouve le temps de se cultiver? N'est-ce pas dans la vieillesse qu'on éprouve du plaisir à voyager? Nous ne faisons pas une hypothèse gratuite; nous décrivons ici une réalité. Il suffit de voir l'évolution vécue ces dernières années par les personnes du troisième âge qui entrent dans une vie nouvelle. Chaque étape de la vie est nouvelle. Chacune a sa créativité propre. En effet, il suffit de vouloir et de s'en donner les moyens.

Les idées que nous développons au cours de ce livre et les exercices que nous décrivons conviennent à tous les âges, à toutes les périodes de la vie. Il suffit de pratiquer les exercices en s'imprégnant de l'esprit dans lequel ils doivent être faits pour se mettre en condition. Pour se mettre en condition favorable.

Se régénérer en créant

LE VIDE ET LE PLEIN

Il est un temps pour bavarder et un autre pour appliquer les conseils pratiques qui ont été donnés. Un temps pour réfléchir et un autre pour s'entraîner. La raison en est évidente: la créativité ne s'adresse pas seulement à nos réflexes, mais encore à notre intelligence.

Une fois que le lecteur sera habitué à la pratique des exercices, une fois qu'ils seront devenus une seconde nature, au moment où il éprouvera la nécessité de les améliorer, de passer à une étape ultérieure, à ce moment-là, il aura besoin de faire une pause, de s'arrêter pour faire le point. Un principe général le guidera, s'imposera peu à peu à lui. Nous ne ferons que le mentionner pour que le lecteur le garde en mémoire, et pour qu'il le reconnaisse quand il se manifestera. Ce principe, le voici: l'être humain est un système d'échange entre un vide et un plein.

Le vide et le plein ne sont nullement des notions philosophiques. Lorsque nous inspirons, nous sommes pleins, et quand nous expirons, nous nous vidons. La vie est souffle. Si je me vide mal, si je n'expire pas à fond, il reste du gaz carbonique dans mes poumons, et c'est ce gaz carbonique qui me donne des idées noires. De même, si je n'inspire pas profondément, je ne m'oxygène pas comme il conviendrait de le faire. D'autre part, il faut tenir compte du fait que l'inspiration agit sur l'expiration et que cette dernière agit à son tour sur la première. Inspiration et expiration sont liées. Elles forment une unité qui est le souffle.

L'INTUITION ARRETE LE COURS HABITUEL DES PENSEES

Remarquons au passage, très rapidement – car cela nous entraînerait trop loin –, que le souffle est lié aux idées. Nous avons montré plus haut que l'oxygénation facilitait aussi bien la créativité que la naissance des idées. Il faut observer ici qu'une idée naît lorsque le souffle qui nous constitue se transmute alchimiquement. C'est-à-dire lorsque notre corps subtil est atteint. C'est ce qui se produit un tant soit peu aux moments de vertige, qui signalent que l'on n'est pas encore habitué à l'oxygénation. Plus tard, le vertige laissera la place à la volonté.

Que se passe-t-il au juste à ce moment? L'inspiration va jusqu'au bout d'elle-même. Le vide et le plein deviennent des réalités. L'individu prend conscience à la fois de sa charge énergétique et de son néant. Il perçoit en un éclair la tâche qu'il doit accomplir s'il veut devenir créatif. Cela s'appelle l'intuition – ou l'inspiration, si on est un artiste. Encore une fois, nous ne voulons devenir ni Mozart, ni Einstein, mais les processus sont analogues. Quand nous inventons des solutions nouvelles dans notre vie de tous les jours, un processus analogue, ou plus exactement le même processus, en plus petit, se met en branle. Et d'ailleurs, s'il n'existait aucune ressemblance entre les artistes et le commun des mortels, comment serait-il possible que ces derniers apprécient les œuvres des premiers? Comment pourraient-ils en retirer un plaisir? Comment pourraient-ils les comprendre? Tout le monde aujourd'hui, ou presque, apprécie Van Gogh ou Mozart.

Au moment où cela se produit, au moment où l'intuition naît de manière fulgurante, il faut comprendre que l'individu arrête ses processus habituels de pensée. Il ne se laisse plus ballotter par des pensées absurdes, ses petites pensées égocentriques ou de mort, il sort d'un cycle. Ce moment là, qui est celui de l'intuition, est aussi celui où le corps subtil acquiert une autonomie relative, n'est plus englué dans le corps physique. Les alchimistes, dans leur langage poétique et très parlant, disent que l'homme qui opère (l'alchimiste) «enlève la terre qui est sous ses talons». C'est pourquoi le grand poète Rimbaud disait qu'il voulait être «l'homme aux semelles de vent».

DEVENIR VOYANT, DISPONIBLE, LUMINEUX

Les psychologues connaissent cette réalité psychologique; elle n'a donc rien d'une chimère. Ils l'appellent «imaginagion créatrice». L'imaginagion devient alors féconde, rigoureuse, passionnante. A ces moment-là, l'inconscient de l'être humain s'éclaircit, s'illumine, et tout va bien. L'individu sent qu'il a véritablement des ailes. Comment s'approcher de cet état de choses? Il n'y a pas de recette miracle; il faut faire régulièrement les exercices que nous préconisons. Exercices fort simples, tout à fait simples, qui, au bout d'un certain temps, mettent en condition celui qui les pratique.

Dans le cas extrême d'arrêt de la pensée, l'homme est en relation directe avec la vie et le cosmos. L'individu devient un «voyant», comme dit toujours Rimbaud. L'individu n'a pas besoin du raisonnement, de ses détours, de ses complexités, pour comprendre d'où il vient et où il va. Ni ce qu'il doit faire. Ni comment il doit procéder pour atteindre son but. Dans ce cas extrême, il semble que l'individu soit lui-même devenu lumière. Il sent directement les choses de la vie, il se crée spontanément. C'est évidemment extraordinaire et fort rare, mais cela peut arriver à tout le monde. Lorsqu'on prend la voie de la créativité, on se réserve de multiples surprises.

Donc, si on arrête ses pensées, on se rapproche du vide mental. On n'encombre plus son cerveau de soucis inutiles, de pensées futiles, ni de rien. On est disponible. On a atteint le cœur de son être, sa racine. Son secret indicible. C'est pour cela, soit dit en passant, que dans les initiations le postulant fait silence pendant des années. Il apprend à se délivrer du flux de paroles et de pensées futiles pour ne retenir que celles dont il sent qu'elles viennent du tréfonds de lui-même. La psychanalyse, elle aussi, donne une place au silence: le psychanalyste sait écouter son patient sans rien dire, sans prononcer un seul mot. Il témoigne de cette façon de la valeur du silence. Car c'est dans le silence que l'homme vient sur terre et qu'il s'en va. Dans le silence de son âme.

EXERCICE: BRISER LE FLUX DE SES PENSEES

Il est bon de s'arrêter un moment pour réfléchir. Pour réfléchir vraiment, et non point pour laisser vagabonder capricieusement sa pensée, comme nous le faisons presque tous, presque tous les jours. Nous ne pouvons pas arrêter entièrement nos pensées si nous ne sommes ni des génies ni des initiés, mais nous pouvons nous en rapprocher le plus possible.

Comment procéder? C'est ici le lieu d'un nouvel exercice, que nous vous expliquons.

114

● *Laisser son esprit vagabonder.*

Pour cela, s'asseoir dans une position confortable. Sur un siège ou en position du lotus si on pratique le yoga. Ou encore en s'étendant par terre, sur un matelas ou une couverture pour que ce soit plus confortable. Attention cependant! Il ne faut pas que le matelas soit trop mou.

Une fois qu'on a trouvé sa bonne position, on peut, pour améliorer encore l'exercice, respirer lentement et régulièrement. A plusieurs reprises. En rejetant le gaz carbonique la bouche ouverte. Il faut inspirer par le nez et expirer par la bouche. Mais ces respirations, si elles améliorent l'exercice, si elles le rendent plus efficace et font de la sorte gagner du temps, sont facultatives. On pourra s'en passer si on préfère.

Une fois bien installé, il faudra laisser venir ses pensées. C'est, d'une certaine manière, comme l'association de pensée. Mais avec une différence d'importance: ce qui est à l'œuvre ici, c'est ce que Freud appelle l'«attention flottante». En état de détente, on maîtrise moins les choses. On se laisse imperceptiblement habiter par un bien-être, voire par un demi-sommeil. On flotte, pour ainsi dire. On est bien. Si on a envie de se pelotonner, ou même de prendre la position du fœtus, qu'on la prenne sans autre forme de procès. On se laisse habiter par ce qui nous vient, par les sensations, les désirs qui sont amenés par la détente.

Puis ce sont des pensées qui nous viennent, qui surgissent brusquement ou s'insinuent doucement dans notre esprit. Au début, ce seront nos préoccupations les plus frappantes de la journée. Laissons-les venir. Laissons notre esprit vagabonder.

● *Refuser les pensées qui nous viennent.*

A un moment donné, que vous sentirez vous-même, reprenez les choses en main de la manière suivante: dites-vous que les idées que vous venez d'avoir sont des idées que vous rejetez. Oui, des idées que vous cassez, pour ainsi dire. Vous les refusez. Vous les méprisez. Vous les violentez.

Vous rejetez ces idées parce que vous savez, vous êtes convaincu que vous pouvez vous améliorer et en avoir de meilleures.

Il s'agit vraiment d'un combat que vous menez: «Eh non, vous direz-vous, je vaux mieux que cela. Bien sûr, je pourrais me contenter de ce que je viens de trouver en laissant mon esprit vagabonder. Mais je ne veux pas en rester là. Je chasse ces idées comme des fantômes...»

Que se produit-il quand vous prenez une telle décision, quand vous refusez, quand vous chassez les idées qui vous viennent à l'esprit? Eh bien, tout simplement, elles s'en vont comme le vent qui tout à l'heure soufflait sur votre territoire et qui, maintenant, s'oriente vers d'autres contrées. Cela semble miraculeux, mais essayez de le faire comme nous le décrivons ici, vous verrez vous-même: les idées partiront, elles vous obéiront.

Ce qui ne veut pas dire que tout soit gagné et que vous ayez déjà, tout d'un coup, sans coup férir, atteint le vide mental. Tant s'en faut! Ne criez pas victoire trop vite. Cela signifie simplement que certaines idées ont disparu. Aussitôt, d'ailleurs, d'autres pensées vous assailleront ou se glisseront dans votre esprit. Il n'en reste pas moins que vous aurez réussi, pour une fraction de seconde, certes, à arrêter votre pensée. Vous aurez réussi à briser le flux de vos pensées, et ce n'est pas si mal. Car qui le fait, dans la vie de tous les jours?

● *Recommencer: vagabonder, puis briser...*
Ensuite, recommencez à vagabonder. Retrouvez votre confort.

Laissez les idées survenir.
Laissez le flux de vos pensées suivre son cours de lui-même.
Comme un ruisseau au bord duquel vous vous promène-riez.
Puis, dans un deuxième temps, brisez-le net.
Cassez vos pensées.
Refusez-les.

A force de recommencer, vous vous habituerez à prendre conscience qu'un vide vous habite. Un vide que vous n'at-teindrez peut-être jamais, mais dont vous saurez au moins qu'il existe. Or, qui dit vide, dit source de l'être. Qui dit vide dit appel du plein.
C'est dans ce vide de vous-même que votre inconscient se rajeunira comme dans un bain de jouvence. Or, rajeunir l'inconscient, c'est se donner les moyens les plus sûrs pour devenir créatif.

Derniers exercices

L'EXERCICE D'ARRET DU SOUFFLE

La pensée a un pendant exact: le souffle. Tout dans l'homme est lié; l'être humain est un hologramme fait d'une matière mystérieuse. Si on découpe l'homme, comme on coupe un morceau de liège, si on coupe dans son épaisseur – cela n'est évidemment qu'une image –, on découvre deux données qui se font face: la pensée, l'esprit – et le souffle. Nous avons vu l'importance des exercices de respiration. Or, ce qu'on peut réaliser sur le plan de la pensée, on peut le faire aussi sur celui du souffle.

Il est possible, et même créatif, avons-nous dit il y a à peine un instant, d'arrêter ses pensées, le flux de ses pensées. Nous venons de voir quels exercices il fallait pratiquer pour aboutir à un tel résultat. Eh bien, de la même façon, il est possible d'arrêter son souffle. S'y entraîner, et nous y convions le lecteur, cela n'a rien de sorcier. C'est une question d'habitude. Il suffit d'agir avec l'inspiration et l'expiration comme avec les pensées qu'on rejette. Seulement, il faut faire l'exercice avec doigté. Rien ici ne serait plus néfaste que la brutalité. L'exercice est un apprentissage de la subtilité.

Respirer, donc, en inspirant puis en expirant, à quelques reprises; puis, à un moment donné, retenir son souffle, c'est-à-dire s'empêcher de respirer. Ou plus précisément, bloquer son souffle: à un moment donné, alors que je suis en train d'expirer, je m'arrête et je bloque tout; même processus sur l'inspiration.

Dans un premier temps, il ne faut pas s'appesantir sur cet exercice: bloquer une ou deux secondes seulement.

Puis augmenter progressivement. Bloquer davantage. Arrêter tout pendant plusieurs secondes, voire davantage. Il y a toutefois une règle absolue: il ne faut jamais dépasser ses capacités du moment. Cela, vous le sentirez; c'est une question de confort personnel. Si vous n'êtes pas bien, débloquez le souffle et reprenez le cours de la respiration normale. Laissez de nouveau le flux respiratoire habituel se poursuivre.

Le but de cet exercice est de parvenir au blocage maximum. Il est cependant formellement conseillé de ne le pratiquer que quelques fois seulement par jour ou, mieux, quelques fois par semaine. Il ne faut surtout pas forcer.

A la fin, au bout d'un temps de pratique – et cela peut prendre plusieurs mois: ayez de la patience! –, l'étudiant s'est délivré des faux rythmes. Il s'est ressaisi, a appris à mieux se maîtriser et est entré plus profondément en lui-même. Au moment du blocage, l'individu approche au plus près de son vide respiratoire.

COMBINER INTERRUPTION DES PENSEES ET COUPURE DE LA RESPIRATION

La créativité qui fonctionne à plein est celle qui illumine en même temps le vide mental, par la pensée, et le vide respiratoire, par la respiration. On le comprend aisément: si l'arrêt du flux de la pensée coïncide avec le bloquage de la respiration, les deux flux sont maîtrisés et tenus en suspens. L'individu atteint à sa racine la plus profonde. N'essayez pas d'y parvenir. Un tel état est très difficile à atteindre. C'est l'initiation suprême: à ce moment-là, l'âme quitte le corps physique, et il se produit des phénomènes psychiques extraordinaires.

Il reste cependant possible, et nous le conseillons vivement, de coupler les deux types d'exercices. Faire les exercices d'arrêt de la pensée, puis ceux d'arrêt de la respiration. Prendre toutefois une pause de quelques minutes entre les deux. Cela est excellent pour se rapprocher, ou pour que l'inconscient se rapproche, de la coïncidence des deux vides: le vide mental et le vide respiratoire.

Les initiés et ceux qui sont parvenus à un degré intéressant de pratique du yoga tantrique nous livrent des informations intéressantes. Par yoga tantrique, il faut entendre le yoga sexuel. Ceux qui y réussissent – et bien rares sont les Occidentaux! – parviennent à retenir leur éjaculation en retenant leur souffle. Ces initiés ont l'habitude de dire qu'au moment où ils retiennent leur souffle, ils font pénétrer le ciel en eux. Qu'est-ce que cela signifie? Nous croyons qu'il faut prendre cette expression au pied de la lettre.

Les alchimistes, eux, parlent d'une rosée céleste qui descend sur l'adepte. Tout se passe comme si la psyché de l'individu en question se déchirait, ou déchirait le voile qui l'obscurcissait, pour laisser la divinité l'habiter, la remplir. La combler. En ce qui nous concerne, il ne s'agit pas de devenir son propre gourou céleste, comme dans cette expérience initiatique, mais de devenir son propre gourou terrestre, comme c'est le cas quand on est créatif.

Tout cela, tous ces exercices, le lecteur, ou du moins un certain lecteur sceptique, ne verra pas bien à quoi cela sert. A ce lecteur-là, nous répondrons évidemment qu'il faut pratiquer avant de parler. L'expérience est ici la reine. C'est elle qui tranche. Un remède, un exercice physique, ou autre chose, ne peut être jugé que si on l'a essayé. Et il faut du temps pour que les effets concrets se fassent sentir: ce lecteur sceptique est resté toute sa vie, des années durant, non créateur; voudrait-il devenir créatif instantanément, sans coup férir? D'ailleurs, s'il était un tant soit peu attentif, s'il rejetait les pensées négatives qui continuent de l'assaillir, il percevrait de légers progrès. C'est en prenant appui sur ceux-ci qu'il pourra continuer d'aller de l'avant.

LA PENSEE HOLOGRAPHIQUE OU DIALECTIQUE

A ce lecteur, on pourrait cependant formuler une réponse que nous ne nous priverons pas de faire, dans la mesure où elle intéresse l'ensemble des lecteurs et leur permet de mieux comprendre de quoi il retourne. La créativité, c'est en définitive de la pensée holographique. Expliquons-nous: si l'hologramme est tel qu'il est, s'il a les propriétés que nous avons vues, c'est parce que, dans ce procédé, la lumière est condensée. Lorsque nous prenons une photo courante, une photo avec n'importe quel appareil, la lumière pénètre dans l'objectif, mais ses photons, c'est-à-dire les atomes lumineux, y pénètrent n'importe comment, dans le désordre, au gré du hasard. Or, dans la prise de vue holographique, la lumière est *dirigée*. Les photons s'ajustent bien les uns aux autres. Ils collaborent tous à une œuvre commune. Ils se répartissent de manière à aller tous ensemble dans une même direction, au lieu de vagabonder en cours de route.

Dans l'hologramme, la lumière retrouve sa racine, elle atteint sa plénitude. Il en va de même dans la pensée créatrice. Or, tous les grands philosophes, Platon, Héraclite, Hegel, etc., se sont référés à la dialectique. Ils ont dit que la pensée féconde, créatrice, était dialectique, c'est-à-dire qu'elle passait par le vide (le néant) et le plein (l'être). Dans la vie de tous les jours, nous appliquons spontanément la dialectique à un niveau élémentaire. Que faisons-nous, en effet, lorsque nous considérons un problème, quand nous avons une décision à prendre, quand nous nous débattons avec nous-mêmes? Nous passons d'une idée à son contraire. Nous passons d'un plein à un vide. Le plein, dans ce cas, c'est l'idée que nous venons d'adopter; le vide, c'est son rejet. Nous procédons de la sorte pendant quelque temps, jusqu'à ce que nous ayons pris notre décision définitive. Cela ne ressemble-t-il pas à l'exercice qui consiste à accepter les idées qui nous viennent à l'esprit, puis à les rejeter? Et entre le moment où nous rejetons l'idée et celui où nous considérons l'idée contraire, ne semblons-nous pas arrêter notre flux de pensée?

Ce que nous faisons spontanément dans la vie de tous les jours, ce que nous faisons de façon désordonnée et sans contrôle, nous le faisons rationnellement, hologrammiquement, pour ainsi dire, dans la créativité. Cette dernière est une pensée consciente d'elle-même. Etre son propre gourou, n'est-ce pas atteindre le point ultime, le degré le plus extraordinaire de la conscience?

SE DELIVRER DES IDEES PARASITES

Notre méthode consiste en une approche progressive; nous avons voulu suivre le lecteur pas à pas au fur et à mesure des progrès qu'il effectue. Nous avons évité au maximum l'abstraction et la théorie pour elle-même. Chaque fois que nous avons fait des incursions dans le domaine de la philosophie, nous avons essayé d'être le plus simple possible pour nous faire comprendre de tous – ou de presque tous: certains, par paresse, refusent de comprendre; rappelons ici une règle d'or: personne ne pourra être créatif à votre place. Quand nous avons fait des incursions dans le domaine théorique, c'était pour aider à comprendre les exercices. Car notre lecteur n'est pas un robot, et la créativité est précisément le contraire de la mécanique. Notre lecteur a besoin de savoir ce que tout cela signifie, et si on laisse son intelligence en friche, on aboutit à l'opposé du résultat escompté.

Comme le lecteur s'en est sûrement rendu compte, nous lui avons proposé des exercices aussi bien spirituels que physiques, mettant en jeu aussi bien la pensée que le souffle. Il devra les pratiquer régulièrement et progressivement. Il devra les pratiquer avec patience et constance; leur but est de le mettre en forme. De le mettre en condition pour être créatif, pour résoudre ses problèmes professionnels, familiaux ou autres, avec le maximum d'inventivité – et nous avons vu au début de ce livre que la créativité n'est plus aujourd'hui un luxe, mais une nécessité. Nous proposerons ici un dernier exercice, inspiré par la recherche psychanalytique dans ce qu'elle a de plus abouti, et destiné à pousser au maximum la recherche de la désinhibition personnelle.

Cet exercice n'est conseillé qu'à ceux qui ont mené à bien les précédents. Nous ne le conseillerons pas à tout le monde, car il est ardu, sous des apparences trompeuses; il est semé d'embûches dont il est difficile de se garder. Il part de l'idée que si l'imagination n'est pas toujours créatrice, et même ne l'est que rarement, c'est parce que des idées négatives la parasitent. Oui, notre esprit peut être traversé de parasites comme un poste de transmission ou de réception. Ces idées parasites, ces idées négatives, extrêmes au point de devenir invisibles parce qu'elles ont dû se réfugier dans l'inconscient, remontent à notre lointaine enfance. C'est pourquoi il est généralement difficile de s'en débarrasser.

En fait, cela se passe d'une manière très logique: pendant que, consciemment, je pense intelligemment à une chose particulière que je suis en train de faire, ou que je veux faire, pendant que j'essaie d'être créatif, une autre idée inconsciente me travaille et m'empêche d'être vraiment à ce que je voudrais faire. Cette idée, je n'y ai pas accès consciemment, mais elle me gêne. Les complexes sont des phénomènes similaires: quelque chose qui nous gêne, sur lequel nous n'avons pas prise parce que nous ne savons pas ce qu'il est au juste.

Comment nous débarrasser de nos idées parasites si nous ne les connaissons pas? L'exercice qui consiste à arrêter le flux de ses pensées est une bonne introduction à cela, mais il ne suffit pas. Pour y parvenir, il faut pratiquer encore une fois l'association de pensées, mais en prenant appui, cette fois-ci, sur ses rêves. Au lieu de partir d'un mot inducteur, il faut partir d'un rêve. Voici comment procéder: par exemple, on a fait le rêve suivant: `

«On est sur une route, la nuit. La lune brille, et les arbres sont mouillés. Il a plu il y a un moment. Maintenant, la paix règne. Tout d'un coup, une voiture apparaît et fonce sur la route. Ses phares balayent les arbres. Elle ressemble à un monstre. Celui qui rêve manque d'être écrasé, mais il se ressaisit et la voiture disparaît aussi mystérieusement qu'elle était apparue».

Il suffit de prendre une image inductrice du rêve. N'importe laquelle: la nuit, par exemple, le monstre, la paix, ou tout ce que l'on voudra.

125

Il faut ensuite relire son rêve (on a pris au préalable la précaution de le retranscrire sur une feuille de papier blanc), puis de classer les autres images du rêve en fonction de l'image inductrice. Cela est facile, le lecteur en a l'habitude (revoir à ce sujet les exercices d'associations de pensées). Ensuite, il lui faudra «reconstruire le rêve», c'est-à-dire, avec les associations ainsi obtenues, raconter une autre histoire comme si c'était un autre rêve.

«RECONSTRUIRE» SES REVES

Par exemple, on choisit comme image inductrice la nuit, et on obtient les associations suivantes: mouillé, un coup, un monstre, des phares, mystérieux. Il faut alors essayer de construire une autre histoire. Par exemple: «J' étais mouillé, je reçus un coup; un monstre apparut alors, un monstre dont les yeux ressemblaient à des phares».

Après avoir obtenu cette histoire, il faut s'arrêter, «reprendre son souffle», et méditer. Par exemple, que veut dire ce monstre? Je crois que c'est un monstre marin qui donne des coups de nageoire. Oui, de nageoire, car il vient de l'eau – puisque j'étais mouillé.

On peut poursuivre encore: Pourquoi suis-je mouillé? J'ai peut-être plongé dans l'océan. Que me rappelle l'océan? Mes dernières vacances, ou ma peur de l'eau. Si ce sont mes dernières vacances, qui furent très agréables, quel est le fait, l'épisode, qui m'a le plus marqué? Si c'est ma peur de l'eau, quand est-ce que j'ai eu peur pour la dernière fois? Et la première fois, est-ce que je m'en souviens?

Les lecteurs ne feront que se poser des questions, des questions en chaîne. Ils n'attendront pas de réponse. L'important est qu'ils se posent des questions. L'important, aussi, est qu'ils apprennent à méditer sur les questions qu'ils se sont posées. Non pas sur toutes les questions, ce ne serait ni possible ni intéressant, mais sur les questions qui s'imposent à eux. Laissez parler vos envies, votre intérêt. Il n'y a pas de règle, sauf votre bon vouloir.

On peut varier cet exercice, le varier et même l'enrichir. C'est qu'il n'y a pas qu'une manière de «reconstruire» son rêve. Je peux en effet prendre un autre mot inducteur, et je peux me livrer à d'autres associations. Toute liberté est laissée au lecteur. Il pourra reconstruire son rêve autant de fois qu'il le voudra. Nous conseillons vivement de le faire, au moins une fois. Car alors, vous vous rendrez compte que vous avez plus d'imagination que vous ne le croyez.

LES ATELIERS D'ECRITURE

Vous êtes en effet plus imaginatif, vous disposez de plus de ressources mentales que vous ne le pensez, vous pouvez devenir créatif malgré votre manque d'habitude. Essayez: vous verrez. Cette méthode est aujourd'hui employée dans certains ateliers d'écriture très modernes; elle a fait ses preuves. Les ateliers d'écriture, qui sont communément proposés dans les secteurs scolaire, privé, ou en entreprise, s'adressent aussi bien à des enfants qu'à des adultes, aussi bien à des gens qui ne savent pas écrire, pour qui rédiger la moindre lettre pose un problème insurmontable, qu'à des professeurs qui traversent une période de blocage, ou même à des écrivains qui veulent se perfectionner. On s'améliore à tout âge, et quelles que soient ses compétences. Ces ateliers commencent à se répandre en France. Ils sont indispensables, car tout le monde aujourd'hui, à l'ère de la communication, doit pouvoir s'exprimer.

C'est donc leur technique de base que nous utilisons pour améliorer la créativité. Il est inutile de souligner que l'écriture, la littérature, est une forme extraordinaire de créativité. Celui qui sait composer un roman, raconter une histoire, faire tenir toute une vie dans un livre, est un grand créateur. En tout cas, de l'avis des spécialistes de l'écriture, c'est-à-dire de ceux qui l'enseignent, l'écriture est une forme subtile de la communication. Car, insistent tous ces spécialistes, écrire, c'est d'abord communiquer avec son inconscient. Il y a un secret dans l'acte d'écrire, et c'est pour cela que l'écriture nous émerveille, et ce secret, l'auteur, celui qui écrit, le trouve dans son inconscient. Ce secret, c'est rétablir la communication avec son inconscient. On y parvient, nous l'avons souvent répété, en faisant fonctionner son imagination créatrice.

Secret admirable et fort difficile à comprendre pour ceux qui ne l'ont pas approché. Il s'agit d'une chose dont il n'est possible de parler que si on en a l'expérience. Car la créativité est, d'une certaine façon, une initiation. Rien de plus mystérieux que la créativité, et pourtant elle peut être à la portée de presque tout le monde. Il suffit de transmettre le «savoir créer». Il ne s'agit pas de rituels, ou de cérémonies, comme dans les sociétés secrètes, mais d'exercices fort simples en définitive, auxquels il faut s'attacher avec constance et patience.

QUATRIEME PARTIE

SE FIXER DES OBJECTIFS ET SE DONNER LES MOYENS DE LES ATTEINDRE

Créer, c'est maîtriser naturellement le flux de la psyché

L'IMAGINATION, ENCORE UNE FOIS!

Le temps est venu pour nous de nous résumer en survolant les pages précédentes pour les enrichir. De prendre appui sur le connu pour découvrir un nouveau continent. Nous avons donné de nombreux exercices à pratiquer de façon progressive. Il s'agit à présent d'aller au cœur théorique de notre sujet. D'y aller, non pas par simple curiosité intellectuelle mais parce que la véritable curiosité intellectuelle débouche toujours sur une pratique. Une dernière chose: il est évident que si nous nous permettons de le faire, c'est parce que nous supposons les pages précédentes connues. Seul notre lecteur pourra nous suivre. Quelqu'un qui ouvrirait ce livre à cette page ne pourrait comprendre de quoi il retourne.

Nous avons dit que la créativité, c'est la communication avec son inconscient. Nous avons dit aussi que cette communication ne pouvait se faire qu'avec l'aide de l'imagination créatrice – rappelons que l'imagination créatrice n'est pas la folle du logis! Mais nous nous sommes heurtés d'entrée à cette difficulté: il s'agit de mettre cette imagination en mouvement, et cela ne va pas toujours de soi. Alors, que faire? Nous avons proposé une série d'exercices qui sont autant de mises en condition: la respiration, l'arrêt du souffle après l'oxygénation, l'association de pensées, la reconstruction du rêve, etc. Voyons d'un peu plus près ce que sont ces exercices.

On peut donner mille définitions de la créativité: le phénomène est très riche et aucune ne l'épuise. Celle que nous choisirons ici est que la créativité est la mise en place holographique de l'imaginaire. Mise en place holographique de l'imaginaire, c'est-à-dire éveil et mise en route de l'imaginaire (faire fonctionner son imagination), mais en précisant qu'il s'agit de le faire à la manière de la lumière dans l'hologramme. En ordonnant l'imagination, en l'empêchant de rester la folle du logis.

LA RECHERCHE D'UNE NOUVELLE UNITE

Les exercices visent à cela. En effet, les exercices d'inspiration/expiration, aussi bien que ceux d'associations de pensées, nous font pressentir que nous sommes composés de deux parties. Ce sont des exercices qui nous accoutument au rythme binaire. Lorsqu'on respire, lorsqu'on décompose le mouvement de la respiration en inspiration puis en expiration, on pressent, même si on n'en a pas clairement conscience, qu'on est composé de deux parties et non d'une seule. Deux parties? Oui, un corps subtil et un corps physique, un conscient (un moi) et un inconscient, une part d'inertie et une part de créativité, etc. Auparavant, quand on ne vivait que de manière automatique, on se trouvait dans la confusion. On était un, mais d'une manière brute. Il nous fallait nous affiner, et cette unité de départ ne pouvait que se briser pour laisser la place à un personnage nouveau. C'est ce que les alchimistes appellent, dans leur langage imagé, «tuer le vieil homme». Oui, tuer le vieil homme, et il s'agit véritablement d'une mort et d'une renaissance. Mort de la vieille unité et naissance d'une nouvelle.

Mais qui, quelle partie de nous-mêmes, pressent que nous sommes composés de deux parties? C'est notre corps subtil, ou notre inconscient. De ce fait, il se passe quelque chose en nous. Quelque chose d'imperceptible, mais que les exercices ultérieurs, comme la répétition de ceux que nous pratiquons pour le moment, ne font que fortifier. Car il faut savoir que le psychique a beau être immatériel, les processus qui l'agitent ressemblent à ceux du physique: le biologique et le psychologique sont les deux versants d'une même et unique réalité, même si le fait nous échappe la plupart du temps. Un muscle s'améliore, grossit, devient plus souple, grâce à l'entraînement qu'il subit, que l'individu a choisi de lui faire subir. De même pour les composantes de notre psyché. La mémoire, l'intelligence, la créativité et tout le reste se développent.

Que fait-on lorsqu'on procède à une association de pensées? On part d'un mot inducteur pour faire jaillir spontanément d'autres mots, les mots induits. Ne retrouve-t-on pas ici un rythme binaire? Pour mieux nous expliquer, nous allons affiner cet exercice, car le moment est venu.

EXERCICE POUR REMONTER A LA SOURCE

Jusqu'à présent, nous avons parlé de mot inducteur et de mots induits sans plus de précisions, car cela suffisait. Nous n'avions pas indiqué si, chaque fois qu'on avait trouvé un mot induit, il fallait ou non revenir au mot inducteur pour laisser les autres jaillir. Exemple: mon mot inducteur est «cheval», je trouve le mot «beurre»; me faut-il revenir au mot «cheval» pour trouver un second mot induit qui peut être «avion», ou bien dois-je me laisser aller?

133

Dois-je continuer sur ma lancée? Dois-je laisser les mots induits défiler comme les perles d'un chapelet, s'appeler les uns les autres?

Les questions que nous venons de poser définissent bien évidemment deux types d'exercices différents. Nous n'avions pas, en son temps, mentionné cette possibilité, car il tombait sous le sens qu'il s'agissait de laisser les mots défiler les uns à la suite des autres. Nous venons de relire les pages où nous avons présenté cet exercice d'associations de pensées, et cela est tout à fait clair. Mais, maintenant, il nous faut savoir que les choses peuvent devenir plus complexes – ce qui ne veut pas dire plus compliquées. Quoi qu'il en soit, cet exercice, que nous conseillons, comme toujours, de ne faire que lorsque tous les autres seront devenus des secondes natures, met en relief un rythme à deux temps qui est celui du plan psychique. L'individu pressent qu'il existe une source de lui-même et que les mots sont comme des gouttes d'eau. Cela vaut la peine qu'on s'y arrête. Et pour nous suivre, il faut ne pas craindre de parler un langage imagé. Ici, les images correspondent à une réalité. C'est même le propre de la vie psychique au plus profond d'elle-même. C'est, pour le dire autrement, le propre de l'inconscient. Donc, l'individu perçoit sa source, symbolisée par le mot inducteur – le fait qu'il y revienne chaque fois finit par le lui faire apparaître. Il devine ainsi, et se persuade à la longue qu'il vient de quelque part, d'un lieu, d'une patrie, et non d'un n'importe quoi.

LE SENTIMENT DU COURS D'EAU

L'individu a ainsi une vague idée de la présence d'une source, d'une idée inconsciente; et nous savons que les idées inconscientes sont en définitive les idées les plus fortes, les plus «prégnantes», comme disent les psychologues, parce qu'elles agissent sur le corps subtil, parce qu'elles agissent à la soudure du corps et de l'esprit. Voulez-vous vous faire une opinion de la force des idées inconscientes? Eh bien, sachez que l'inconscient est capable d'agir sur le corps physique. La médecine psychosomatique montre que certaines maladies sont d'origine psychique. Certains ulcères, voire certaines hémorragies – et nous ne prenons là que quelques exemples – sont d'origine nerveuse. Soignez la psyché, vous obtiendrez de miraculeux résultats sur le corps. Bref, quand l'individu finit par découvrir sa source, il ne s'en éloigne plus. Dante parle, de son côté, d'une lumière de laquelle on ne peut se détacher. Mais l'expérience que nous évoquons, si elle s'apparente à la mystique, s'en démarque toutefois en ce qu'elle a un but pratique.

Quoi qu'il en soit, en même temps qu'il prend conscience de sa source – et cela peut demander longtemps –, l'individu a le sentiment, ou plutôt son inconscient le comprend avec ses moyens propres, que chaque mot induit est comme une goutte d'eau. Si l'inconscient porte en lui l'image de la source – et celle-ci finira par s'imposer –, il continuera sur sa lancée; or, quelle image s'imposerait-elle mieux, pour un mot induit, que celle de la goutte d'eau? A la fin – et c'est cela qui importe! – l'individu aura l'impression, plus ou moins nette, qu'il est traversé par un flux, une sorte de cours d'eau. Nous conseillons vivement de méditer sur cela, d'aider par l'imagination la notion de cours d'eau à s'imposer. Un bien-être très fort s'installera en vous. L'individu se rendra compte que la notion de cours d'eau commence à prendre corps à partir du moment où il commencera à rêver de fleuve, de mer, de plan d'eau, ou même de circulation automobile. Si on rêve, *dans ce contexte*, de circulation automobile, c'est qu'on commence à percevoir la notion en question. Il est clair qu'il faut toujours considérer attentivement le contexte lorsqu'il s'agit d'interpréter un rêve. Si je rêve d'automobiles qui circulent à toute vitesse à une période où je subis un stress, cela peut tout bonnement annoncer une crise de tachycardie. Cela peut vouloir dire que mon cœur va être affecté de ce stress et que je vais le voir se mettre à battre plus vite que de coutume, que la normale.

Cependant, si je rêve de circulation automobile au moment où, après avoir pratiqué les exercices, je m'apprête, ou plutôt mon inconscient s'apprête à pressentir la source et le flux, il s'agit alors d'un rêve prémonitoire. Car le rêve est parfois en avance sur une situation réelle. Des travaux universitaires, en particulier ceux de l'hôpital Maïmonide de New York, ont prouvé que certains rêves étaient de nature télépathique. Si ces rêves évoquent une circulation désordonnée, cela signifie que le cours d'eau est désordonné et qu'il vous faut mettre de l'ordre dans vos idées. S'il est majestueux, cela va très bien. D'ailleurs, vous n'aurez pas besoin de chercher à évaluer le caractère bénéfique du rêve, pour la bonne raison que vous serez devenu créatif. Cela se sentira, se verra dans votre vie quotidienne sur tous les plans.

L'EAU COMME IMAGE INDUCTRICE

Nous avons dit que l'émergence de l'image du cours d'eau ne trompait pas parce qu'on éprouvait un bien-être incomparable et que les résultats se faisaient notablement sentir dans la vie de tous les jours. Mais il est évident que l'on n'aboutit pas à cet état tout d'un coup. Au début, vous pouvez vous estimer heureux d'avoir constitué un fragment de cours d'eau. Le progrès sera déjà formidable lorsque vous aurez constitué la source et quelques gouttes. Alors, que faire pour aller de l'avant? Nous emploierons une technique dont nous connaissons déjà l'esprit: celle qui consiste à «briser le flux».

Cette notion de cours d'eau n'est pas si arbitraire qu'elle pourrait en avoir l'air. Les philosophes de l'Antiquité la mettaient toujours au centre de leur pensée. Héraclite, par exemple, dit que l'on ne se plonge jamais deux fois dans le même fleuve. Enigmatique! Il veut probablement dire que l'identité du fleuve est mouvante, qu'on ne peut la fixer. Car en effet, qu'est-ce qu'un cours d'eau, sinon quelque chose qui passe, qui s'écoule? Or passer, s'écouler, c'est strictement le contraire de la permanence. De leur côté, les alchimistes insistaient sur l'importance symbolique de l'eau, dont ils faisaient un emblème de la vie. Le psychanalyste Jung dit de son côté que l'eau est une image de l'inconscient.

Mais, si pour paraphraser Héraclite, on n'entre jamais deux fois de suite dans le même fleuve, on peut essayer de bien y entrer. D'y entrer adroitement, avec élégance. Si, à la faveur de la naissance de cette notion, de cette image psychique de cours d'eau, de vie qui passe, on fait des rêves de circulation, il est conseillé de les reconstruire:

– de les reconstruire selon la méthode que nous avons esquissée plus haut;

– ensuite, de les reconstruire en prenant pour mot inducteur le mot «eau». Non pas un mot, une image extraite du rêve, mais le mot «eau». On verra que les progrès sont sensibles.

Mais il nous reste à parler de la technique du «bris du flux». Elle est décisive. Nous la connaissons, il s'agit de l'appliquer ici. Quand on a fait quelques progrès, quand on a obtenu quelques fragments, ou même un seul, du cours d'eau, il faut procéder de la sorte:

137

- les apprécier, apprécier le bien-être qu'ils procurent, bien-être qui se sera nécessairement accompagné d'un progrès tout aussi remarquable, si ce n'est plus, dans votre créativité;
- les apprécier jusqu'à ce que cela devienne une seconde nature ;
- ensuite, les rejeter, vous dire que vous valez mieux que cela. Vous le répéter. Seulement, attention, vous passerez par une crise transitoire. Vous vous scinderez en deux avant de retrouver une nouvelle unité.

Il est fortement conseillé, pour vous aider à passer ce cap, d'accompagner ce dernier exercice par un autre, qui consiste à se poser des questions. A se demander pourquoi il en est ainsi. A laisser vagabonder sa pensée, la laisser aller où elle veut, recueillir les images qui vous viennent à l'esprit, ou les idées qui vous traversent le cerveau, et vous demander pourquoi tout cela est apparu. Vous demander ce que cela signifie. Au début, on restera coi, on ne saura pas répondre, mais cela viendra peu à peu. Cela semblera de moins en moins incongru. Vous pressentirez, au bout d'un certains temps, à la suite d'un entraînement, qu'il n'y a rien d'absurde là-dedans.

En tout cas, le principe est de se poser des questions, de se demander: «Pourquoi?» et «qu'est-ce que cela signifie?» Se le demander rapidement, se poser très vite la question, et passer à autre chose. Ne jamais s'appesantir. L'important n'est pas la réponse qui vous vient mais le fait de vous être posé la question. Bien plus, si vous obtenez une réponse, si cette réponse s'impose à vous, si même elle s'impose avec force, brisez-la. Refusez-la, selon la méthode que nous connaissons déjà. L'essentiel, le but de cet exercice mental, n'est pas de trouver quelque chose – une idée ou encore un sentiment – mais de se mettre en état d'ouverture.

N'ATTENDEZ PAS DE REPONSE
POUR LE MOMENT

La clé de cet exercice, l'ésotérisme la donne en disant que l'homme, l'être humain, est une question posée à l'univers. «D'où venons-nous? Qui sommes-nous? Où allons-nous?» C'est quand nous nous posons réellement de telles questions, quand nous nous les posons par toutes nos fibres, pour ainsi dire, que nous commençons à atteindre un état initiatique. Cela ne signifie pas du tout que l'être humain doive plonger dans le désespoir, ou dans le doute, mais qu'il est urgent de balayer les dogmes, les idées toutes faites. C'est quand nous nous interrogeons que nous libérons nos forces créatrices. Cela se fait alors tout seul.

Par exemple, si vous pensez à un problème avant de dormir, il y a de grandes chances pour que la solution vous vienne au réveil. Tout le monde en a fait l'expérience. Que s'est-il donc passé? Eh bien, lorsqu'on dort, nos «défenses», comme dit Freud, nos inhibitions tombent, et notre inconscient peut agir. Nous pouvons alors nous poser la question dans toute son acuité. Posez-vous un problème avec intensité, et vous commencerez à le résoudre sans même vous en rendre compte. Le problème est de savoir s'interroger soi-même. De savoir poser des questions à son inconscient.

Entraînez-vous à vous poser sans cesse des questions, et en particulier des questions sur vos rêves. Demandez-vous pourquoi vous avez fait tel ou tel rêve. Pourquoi tel ou tel personnage vous est apparu. Demandez-le-vous rapidement, et si une réponse vous vient à l'esprit, n'y attachez pas d'importance. L'essentiel, encore une fois, est de se trouver, de se mettre en état d'ouverture. Posez-vous des questions, le maximum de questions possible, sans vous appesantir. Devenez léger, insouciant. Vous pouvez vous poser des questions avec le sourire, puisque vous n'attendez pas de réponse définitive.

Tout ces exercices ont pour but de provoquer un brassage dans votre inconscient. Celui-ci ressemble, en effet, à une mer, et il faut l'agiter pour qu'elle redevienne claire. C'est à ce moment-là que jaillit l'inspiration. Personne n'est maître de l'inspiration, ni de l'inventivité, mais on peut se mettre en condition pour obtenir des résultats. Et encore une fois, cela implique de faire des exercices. De simples exercices que nous conseillons très vivement de pratiquer.

N'AYEZ PAS PEUR

Il pourra arriver, lorsque vous vous poserez des questions, que vous mettiez à jour certaines idées cachées dans votre inconscient. Des idées que vous aviez enfouies parce que vous ne vouliez pas les connaître. Ces idées sont devenues des idées parasites, et ce sont elles qui, en secret, vous empêchent de vous concentrer, de devenir créatif, d'avoir le bien-être auquel vous pouvez légitimement prétendre. Quelles peuvent être ces idées? Eh bien, ce peut être de mauvais souvenirs, des souvenirs dans lesquels vous n'avez pas eu le beau rôle et que vous voulez oublier. Votre inconscient fait tout pour que les oubliiez, mais elles vous agacent. Car rien ne sert de se mentir. Il vaut mieux s'avouer les choses et puis les chasser une fois pour toutes. N'avez-vous pas appris à briser les flux de pensées, à chasser les idées qui vous viennent? Cela vous est maintenant plus facile.

Mais ce qu'il y a au cœur de ces idées parasites, nous l'avons vu dans un chapitre précédent, c'est tout simplement – si l'on peut dire! – la peur de la mort. Nous avons vu aussi comment surmonter cette peur. Nous dirons, ici encore, que ce combat n'est jamais définitivement gagné. Chaque fois qu'on a remporté une victoire contre la mort, il faut en remporter une nouvelle. Vous risquez alors de dire: «A quoi bon?» Vue pessimiste... Vue, au fond, toute abstraite! Car à chaque victoire, vous sentez une bouffée de créativité s'emparer de vous. En fait, les gens qui aiment trop à se poser le «A quoi bon?» sont des gens qui se découragent, des gens paresseux, qui partent vaincus d'avance. Des gens à qui on n'a pas expliqué que l'existence est peut-être, ou sûrement, un souffle entre deux intervalles de néant, mais qu'elle reste la vie. C'est la nôtre! Nous n'avons qu'elle.

Quoi qu'il advienne, n'ayez pas peur. Celui qui apprend à nager a d'abord peur de se jeter à l'eau, mais, quand il s'y jette, il ne pense plus à sa peur, il ne pense qu'à ses mouvements de natation. Il n'empêche qu'il se produit parfois des blocages. On a beau se raisonner, on a beau faire: rien. On a peur. A ces moments-là, la créativité est en crise. Mais si elle est en crise, c'est qu'elle n'est pas morte. Car avoir peur signifie au moins qu'on n'est pas inerte. Cela signifie qu'on est dépassé, qu'on risque de se noyer, mais qu'au moins on s'est jeté à l'eau et qu'on n'est pas resté peureusement sur le rivage.

Le plus souvent, quand il y a un blocage, c'est qu'on a atteint une zone critique de l'inconscient. Des mauvais souvenirs, avons-nous dit... Il n'y a alors qu'une chose à faire: le reconnaître, se l'avouer, pour s'en débarrasser. Rien n'est si horrible qu'on ne puisse s'en délivrer. Ce livre s'adresse à des gens normaux. Bien évidemment, ses lecteurs ne sont ni des malades ni des criminels. Pour les premiers, il y a les psychiatres. Pour les seconds, il y a la justice.

Rêver pour agir

POURQUOI ON A PARFOIS PEUR

Si nous nous interrogeons sur ce qu'est la peur, nous ne nous éloignerons certainement pas de notre sujet. En effet, qu'est-ce que la peur, sinon la peur de ne pas réussir, de ne pas être créatif, de ne pas être bien? Si j'ai peur, c'est que je crains d'être dépassé par un sentiment ou par une tâche. Une passion que je ne maîtrise pas et qui me fait perdre la tête – une passion amoureuse, ou celle du jeu, etc. – une telle passion me fait peur. Je la refuse, et je me recroqueville sur moi-même. Si j'ai peur de l'eau, c'est que j'ai peur de ne pas la maîtriser, puisque je ne sais pas nager ou que la tempête qui s'est levée est dangereuse.

Soyons encore plus précis. Si je me trouve dans une situation donnée et que j'aie peur, c'est que la situation me dépasse, mais si je me suis mis de moi-même dans cette situation, c'est que je l'ai sous-estimée. Ou que je me suis surestimé. La surestimation de soi nous conduit à des situations où nous avons peur. Evidemment, reste la possibilité de vivre une telle situation en se réfugiant dans l'inconscience, sans savoir, en refusant de savoir, qu'on a peur. Dans ces conditions, il n'y a plus rien à faire. Mais notre lecteur, préalablement entraîné, ne sera pas tenté de se mettre dans une telle position. Il ne se laissera pas piéger: en effet les exercices qu'il a déjà pratiqués lui seront d'une aide précieuse.

Pour nous résumer, on a peur lorsque la situation nous dépasse. Alors, de deux choses l'une, ou bien on se jette à corps perdu dans la situation et, si on n'est pas préparé, on a encore plus peur. Cela est absurde, il ne sert à rien de fanfaronner; une retraite modeste est infiniment plus honorable; si on s'entête, c'est encore pire. Ou bien on a les moyens de vaincre la difficulté, de surmonter l'obstacle qui se présente, et on s'y met patiemment, obstinément, courageusement. Dans ce cas, on n'a pratiquement plus le temps de penser à sa peur, puisqu'on est tout entier absorbé à surmonter un obstacle. On se bat, on fait des efforts, et on est conscient qu'on peut gagner. La peur n'est donc plus de la partie.

UNE JUSTE ESTIMATION DE LA SITUATION

La règle d'or est donc d'apprécier convenablement toute situation. Il s'agit de déterminer ce que l'on peut vraiment réaliser, et ce que l'on ne peut pas. Et si on ne le peut pas, il faut le reconnaître carrément: il ne sert à rien de se mentir, on ne sera pas opérationnel pour autant. Dans les pages qui précèdent, nous avons proposé des exercices d'entraînement quasi-quotidiens, des exercices de mise en forme; nous ne répéterons jamais assez qu'il faut pratiquer de tels exercices pour pouvoir effectuer le moindre progrès dans le domaine de la créativité. Dans les dernières pages de ce livre enfin, nous examinerons des cas particuliers de créativité.

L'important, quand on veut devenir créatif, est de se fixer des objectifs. De se demander où, en quel domaine, on veut le devenir. Est-ce dans sa vie privée ou dans sa vie professionnelle? Est-ce dans sa vie affective, familiale, amoureuse, dans son travail ou dans sa vie sociale? Il faut aussi et surtout commencer par se demander pourquoi on désire être créatif. Ce peut être parce que c'est la «mode». «Parce que c'est la mode», qu'est-ce que cela signifie? Eh bien, tout simplement, qu'on a pressenti que la créativité était aujourd'hui un facteur indispensable. Ou peut avoir «humé» l'air du temps. Avoir compris que tout, dans sa vie sociale – amitiés, culture, divertissement – aussi bien que professionnelle ou affective, appelle la créativité. C'est une bonne raison.

On peut aussi, et c'est souvent le cas, désirer devenir créatif parce que, dans la vie courante, on a éprouvé le *besoin* de l'être. On peut, dans sa vie sociale, avoir éprouvé le besoin d'acquérir un peu plus de souplesse, de finesse. On peut, dans sa vie professionnelle, éprouver le besoin d'être un peu plus inventif, un peu plus responsable. On peut, dans sa vie amoureuse, affective ou même familiale, éprouver le besoin d'être un peu plus actif. On peut, dans la vie en général, éprouver le besoin d'être un peu mieux dans sa peau. On peut légitimement désirer devenir un peu plus le maître de sa vie. On peut rêver de créer sa vie. Pourquoi pas?

Créer sa vie, voilà la forme achevée de la créativité. On peut juste en rêver et n'en réaliser qu'une partie. Mais cela est possible! L'important est de savoir rêver, d'apprendre à écouter ses rêves, même les plus fous. A les écouter d'une manière rigoureuse, à les maîtriser, toutes choses que nous avons appris à faire, grâce aux exercices de reconstruction des rêves, en particulier.

L'important, l'essentiel, est d'apprendre à rêver intelligemment, comme le disait un sage de la Grèce antique. Rêver intelligemment, qu'est-ce que cela veut dire? Nous allons le voir.

APPRENDRE A REVER INTELLIGEMMENT

Comme nous l'avons suggéré précédemment, le rêve peut être négatif ou positif. Négatif, il l'est lorsque celui qui fait le rêve le prend pour argent comptant. Confondre le rêve et la réalité conduit à l'utopie, aux erreurs les plus graves, voire à la folie passagère. On connaît des gens qui sont des rêveurs atroces, comme les fanatiques qui veulent plier le genre humain à leur songe et qui, pour cela, emploient tous les moyens, mêmes les plus sanglants. On connaît également des gens qui sont de doux rêveurs, qui ne voient jamais le monde tel qu'il est. Au mieux, ces gens sont des poètes, c'est-à-dire qu'ils créent dans un domaine particulier. Mais nous, nous cherchons à être créateurs dans des secteurs beaucoup plus prosaïques, beaucoup plus quotidiens.

Il y a encore d'autres types de rêveurs impénitents, mais laissons cela de côté. Ce que nous voulions souligner, c'est que le rêve peut parfois être négatif, quel que soit son contenu d'ailleurs: un rêve heureux n'est pas forcément la réalité, un cauchemar non plus. Nous avons dit «parfois». En effet, le rêve peut aussi avoir une fonction positive. Car pour vivre, nous avons besoin de rêver. Le rêve est une fonction psychologique irremplaçable. Des animaux qu'on empêche de rêver préfèrent se laisser mourir.

Comment reconnaître l'aspect négatif de l'aspect positif? Il faut savoir que tout rêve contient une part de vérité. Il s'agit donc de trouver cette part et de l'intégrer dans sa vie. C'est ce qui s'appelle rêver intelligemment.

Plus concrètement, comment procéder? Remarquons d'abord qu'il existe deux types de rêves: les rêves nocturnes et les rêves diurnes. Les rêves que l'on fait la nuit en dormant relèvent de règles très précises, on peut les interpréter (voir à ce sujet le livre d'André Nataf précédemment cité). Un rêve, dit la Kabbale, est une lettre que l'on nous envoie et qu'il est vraiment dommage de ne pas lire. L'expéditeur de cette lettre difficile à lire, parce que codée, c'est l'inconscient, c'est-à-dire la source de la création. Il n'est pas dans notre propos de nous appesantir sur les rêves nocturnes, qui sont un domaine très mystérieux et très passionnant. C'est, dans les temps modernes, le domaine de la psychanalyse. Nous avons cependant retenu de sa réflexion sur les songes nocturnes ce qui concernait directement notre sujet. A savoir, en particulier, l'exercice, de «reconstruction» du rêve, qui est une manière particulièrement efficace de laisser décanter en nous la part du message qui nous concerne sur la voie de la création de nous-mêmes.

UN ILOT DE CONSCIENCE SUR UN OCEAN DE SONGE

Sur les songes nocturnes, nous ne nous arrêterons donc pas – sauf pour certains exercices particuliers. Mais les autres? Le lecteur sera étonné d'apprendre qu'il existe des songes diurnes, des rêves que l'on fait en plein jour. Et pourtant! Qu'il sache que les scientifiques ont découvert que l'être humain était, j'emploie leur l'expression «un îlot de conscience sur un océan de songe». Nous croyons être éveillés, mais nous sommes en train de rêver. Cela, d'ailleurs, de grands philosophes, comme Descartes, le savaient déjà. Ils se sont toujours demandés comment sortir du songe pour enfin atteindre la réalité.

Voyons cela d'un peu plus près. Quand je réfléchis, quand nous réfléchissons, quand n'importe qui, quand tout le monde réfléchit, que se passe-t-il? Eh bien, un schéma est susceptible d'en rendre compte de manière parfaite:

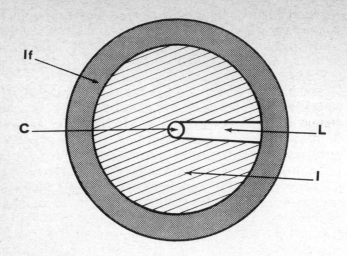

Dans ce schéma sont représentées plusieurs zones. Ces zones sont concentriques, parce que la psyché totale est hologrammique, nous l'avons dit et répété. Chaque fragment de la psyché la contient virtuellement toute entière. Et la psyché elle-même est concentrique, comme le disait Platon, parce qu'elle est parfaite. Le concentrique est la forme de la perfection.

«C» est la conscience. C'est un petit point, un point infime mais très intense. C'est de la lumière concentrée.
«If», vers l'extérieur, est l'inaccessible: l'infini, la mort, la survie.
«I» est le plus grand cercle. C'est ce qui en nous est inerte, non créatif. Mais il faut savoir qu'Einstein a démontré que l'inertie dans la matière contenait potentiellement une énergie considérable. Il l'a prouvé par la bombe atomique, qui précisément «réveille» toute l'énergie qui sommeille dans la matière inerte.

148

«L» est un petit couloir qui traverse l'inertie et rejoint la conscience. C'est comme un rai de lumière. Quand la conscience illumine le couloir, la lumière se répand partout. La matière alors prend un aspect spirituel. C'est cela, le songe.

Ce schéma peut paraître kabbalistique. Il l'est: ici, la science la plus contemporaine rejoint la tradition la plus ancienne. Le lecteur est invité à le méditer. S'il est trop rationaliste pour le prendre en compte, s'il a la moindre réticence, il n'a qu'à le mettre de côté. Ce n'est pas indispensable pour l'évolution qu'il est en train de vivre depuis qu'il nous a suivis au long de ces pages. Au demeurant, il y reviendra à un moment ou à un autre. Il y reviendra au moment où il s'y attend le moins. Ou bien on a le coup de foudre pour ce schéma, on se dit qu'il y a quelque chose à chercher de ce côté, on est intrigué, on se passionne et on y réfléchit. Ou bien on le refuse, ou encore on reste indifférent, et alors le mieux est de ne pas s'en préoccuper pour l'instant.

TRAVERSER LE REVE

Quoi qu'il en soit, ce schéma prouve que la moindre de nos réflexions fait intervenir le rêve. On ne peut pas penser, on ne peut pas résoudre le moindre problème, sans passer par un rêve. Mais attention, cela est très dangereux, il s'agit de ne pas se laisser tromper par lui. Il ne s'agit que de traverser le rêve. C'est un passage, comme au-dessus d'une rivière, une fragile passerelle. Prêtez un peu attention à ce qui se passe lorsque vous réfléchissez. Vous n'avez pas immédiatement la bonne idée. Vous n'avez même pas immédiatement des idées – votre esprit commence par vagabonder. C'est lors de ce vagabondage que surgissent, sans même que vous vous en rendiez compte, tous les rêves éveillés. La réflexion s'effectue sur une matière faite, pour ainsi dire, de songe. Et c'est normal! Penser, c'est s'éveiller, c'est sortir du sommeil originel. Un tel processus ne peut se produire que par phases successives. On n'atteint pas immédiatement l'état de veille, on passe d'abord tout naturellement par un état songeur qui est entre le sommeil et la veille.

En tout cas, rêver intelligemment signifie en même temps se donner un élan (imaginer le mieux, imaginer qu'on est capable de réaliser telle ou telle chose) et se tracer des limites (ne pas se surestimer). Cela empêche de céder à la peur qui, rappelons-le, naît du sentiment d'être dépassé. Mais cela nous ouvre aussi à l'inventivité, en détruisant les inhibitions et en piquant au vif l'inconscient. Mais il s'agit d'appliquer cela à des cas concrets, chose que nous allons faire à présent.

Assignez-vous des objectifs précis et à votre mesure

ET LES PROBLEMES IMMEDIATS?

Toutes les techniques binaires que nous avons exposées, celle du souffle par exemple (inspiration-expiration), visent à faire sentir au corps, au corps physique d'abord et ensuite au corps subtil, qu'il n'atteint sa vraie nature que lorsqu'il conçoit ses limites et qu'en même temps il se laisse porter par un élan. La vraie nature du corps, c'est que le corps devienne son propre gourou, qu'il se sente bien, qu'en un mot il devienne créatif. Que l'imagination soit enfin créatrice, et apprenne à rêver intelligemment. Tout cela, nous l'avons vu. C'est en y revenant sans cesse, en refaisant avec patience et obstination les exercices que nous avons donnés, aussi bien les exercices de souffle que les exercices mentaux, que l'illumination vient au moment où on en a besoin. Il faut donc pratiquer régulièrement ces deux types d'exercices en les coordonnant, car ils sont complémentaires. Le corps ne va-t-il pas avec l'esprit, comme l'esprit avec le corps? Il faut les «conjoindre», comme disent les alchimistes, pratiquer les deux types d'exercices dans la même journée. Et il faut encore, nous l'avons déjà dit, les pratiquer progressivement.

Mais il y a aussi la vie courante, les problèmes qui se posent dans le moment, les questions urgentes qui ne souffrent pas d'être reportées et auxquelles il faut réfléchir dans l'immédiat. Si on vous propose un nouveau travail, par exemple, cela ne peut pas attendre. Cette proposition comporte très certainement des avantages, et des points qui restent dans l'ombre. Vous courez un risque. S'il en allait autrement, si tout était clair, vous accepteriez sans vous poser de question. Mais il est rare, il est extrêmement rare, que les choses – propositions qu'on vous fait ou décisions que vous devez prendre – soient aussi limpides. Dans la vie, les choses sont toujours plus complexes que cela.

Il vous faut en tout cas vous décider, voir si vous acceptez la proposition ou si vous la déclinez. Peser le pour et le contre. Passer par des affres, des hésitations, connaître la crainte de vous tromper. Bref, vous allez passer par les affres de la création. Vous allez, sans même vous en rendre compte, vous créer, un moment, à cette occasion. Car qu'allez-vous faire d'autre en cette affaire, que devenir votre propre gourou? Il ne peut en être qu'ainsi, même si vous avez pris conseil auprès de nombreuses personnes d'expérience ou de vos amis. Car en définitive, même s'il se trouve qu'on vous a dicté votre décision, même si vous vous êtes laissé influencer, c'est vous et vous seul qui prendrez votre décision. Personne ne peut le faire à votre place.

PERSONNE NE DECIDE A VOTRE PLACE

Oui, lorsqu'on prend une décision, même si on se laisse entièrement influencer, on est tout à fait libre. On prend soi-même la décision. C'est pour cela que l'on vote dans un isoloir. Illustrons notre propos par une anectode. Le philosophe Jean-Paul Sartre raconte le cas d'un de ses étudiants qui, pendant la guerre, était venu lui demander conseil.

Cet étudiant était humaniste et patriote: il ne pouvait se résigner à voir les juifs déportés par les nazis, ni aux tortures perpétrées par ces derniers; il ne pouvait non plus accepter la perte de la liberté pour son pays. Il ne pouvait accepter la lâcheté du gouvernement d'alors, qui se résigna à l'occupation allemande avec toutes ses conséquences. C'était aussi le cas de Sartre. Aussi les deux hommes parlèrent-ils en toute confiance.

L'étudiant désirait rejoindre la Résistance afin de se battre pour ses idées. Selon lui, c'était une réaction naturelle, normale, de bonne santé morale, même si les Résistants étaient à l'époque isolés. Seulement, cet étudiant avait un problème très ennuyeux: il avait une vieille mère malade à charge. Il vivait seul avec elle. Qu'il aille rejoindre le maquis, et elle se trouverait dans la plus grande détresse. A l'époque, il n'y avait nulle possibilité de s'en sortir si un proche ne s'occupait de vous. Or l'étudiant était la seule famille de sa mère. Il balançait entre son devoir, ce qu'il sentait être son devoir, et son sentiment filial. Il balançait entre deux types de devoirs et deux types d'amour, ou entre le devoir et l'amour, comme on voudra. Dilemme cornélien qui n'existe donc pas seulement au théâtre!

Eh bien, Sartre, analysant ce cas, fit une remarque pertinente, lumineuse. Cette remarque prouvait qu'au moment même où l'étudiant vint lui demander conseil, il avait déjà choisi. Oui, choisi sans le savoir, ou sans vouloir se l'avouer, pour se cacher ce qu'il y avait de pénible dans son choix. Sartre fit très judicieusement remarquer que cet étudiant était venu lui demander conseil à lui, Sartre, et non à son curé, par exemple. Il savait que Sartre était favorable à la Résistance mais qu'il ne lui forcerait pas la main. Il savait que Sartre l'aiderait à accoucher de sa décision au lieu de lui faire la morale, comme bien d'autres. C'est effectivement ce qui se passa.

On pourra dire que rien n'empêchait l'étudiant de consulter en même temps Sartre et son curé. Ou que rien ne prouve qu'il ne le fit pas. Ou qu'en tout cas, la raison aurait été de le faire. Cette observation ne change rien au fond du problème: si l'étudiant voit en même temps son curé, s'il sollicite des opinions contradictoires, n'est-ce pas une preuve encore plus grande qu'il veut choisir par lui-même?

Nous ne voulons absolument pas dire que dans toute conversation, dans toute délibération ou dans toute prise de conseil, on n'écoute que soi-même malgré les apparences? Non. L'avis d'autrui est précieux, c'est lui qui nous rappelle que nous ne sommes pas seuls et perdus. Mais c'est lui aussi qui nous donne le courage de devenir notre propre gourou.

CHOISIR, SE DECIDER, ENCORE UN PROBLEME DE CREATIVITE

Reprenons l'exemple de la proposition de travail qui nous a été faite, et qui appelle une décision rapide. Il faut nous décider, mais ce n'est pas tout. Il y autre chose: nous devons, si nous acceptons le nouveau poste qu'on nous propose, nous montrer digne de lui. D'ailleurs, si nous avons hésité, c'est en grande partie par pusillanimité inconsciente, par crainte, avouée ou inavouée, de ne pas être à la hauteur. C'est-à-dire de ne pas nous montrer créatifs dans ce poste. Il faut savoir que nous avons beau prendre des décisions sur le plan conscient, l'inconscient a son mot à dire, et il le dit même si nous ne le savons pas. Ainsi, lorsque nous réfléchissons, lorsque nous balançons, lorsque nous hésitons, lorsque nous pesons le pour et le contre, il se produit un échange entre deux parts de nous-mêmes: le conscient et l'inconscient, le corps et l'esprit, le corps physique et le corps subtil.

Et lorsque nous nous montrons créatifs dans une occasion précise, quand nous avons un problème concret à régler et que nous faisons appel à notre inventivité, à notre imagination créatrice, le même processus psychologique se met en branle.

L'illumination naît spontanément, mais à la suite d'un immense travail. Immense travail spontané, inconscient, mais facilité, voire préparé par la mise en forme que nous avons préconisée.

DEJOUER LES PIEGES

Mais alors, voyons concrètement ce qu'il faut faire si on a une décision à prendre. Par exemple, accepter ou refuser un poste qu'on nous propose. Il faut répondre d'abord qu'on est flatté, qu'on remercie la personne d'avoir pensé à nous et qu'on fera tout pour se rendre digne d'un tel choix – les politesses normales, qui vont de soi et qui permettent à la vie d'être une vie civilisée. Bref, se rendre favorable la personne qui vous a fait la proposition, établir un rapport de sympathie entre elle et vous, et ensuite accepter, car si vous avez été choisi, c'est que vous faites l'affaire.

Il n'y a qu'un seul cas où vous devez réserver votre réponse, c'est celui où on vous tend un piège. Ce cas est extrêmement rare, mais s'il se produit, il ne faut surtout pas hésiter à réserver sa réponse. Cela demande réflexion: il faut évaluer si vous êtes en mesure de déjouer les pièges qu'on vous tend grâce à une créativité personnelle que la personne aurait sous-estimée. Ou au contraire si vous devez refuser par prudence.

TROUVER TOUJOURS LE PROCESSUS DE LA CREATIVITE

En tout cas, quelle que soit votre réponse, le problème est un problème de créativité. Vous montrer créatif dans votre réponse, vous montrer créatif dans votre réflexion, vous montrer créatif dans votre nouveau poste si vous l'avez accepté. Le problème se pose en des termes identiques dans d'autres domaines. Qu'il s'agisse d'un voyage à faire, d'une nouvelle habitude à prendre, d'une affection dont vous sentez qu'il vous faut la reprendre en main, d'un stage à faire pour améliorer votre compétitivité, ou de quoi que ce soit d'autre, on retrouve le même processus. La seule variante est le temps dont on dispose; il y a des décisions immédiates, il y a des améliorations à long terme. Créativité à long terme, nécessitant une maturation, une longue réflexion, ou créativité ponctuelle, immédiate, peu importe. La différence est la même que celle qui existe entre le coureur de fond et le sprinter: il s'agit toujours de courir. Il n'est pas besoin de préciser qu'un coureur de fond doit aller plus loin, qu'il doit en conséquence économiser, renouveler le plus possible son souffle, alors que l'autre, n'ayant que peu de distance à parcourir, doit filer comme une flèche. Tout le monde le sait...

CRISTALLISEZ VOTRE CREATIVITE

D'abord et avant toutes choses, pour être créatif, il faut se fixer un objectif. Les exercices précédents, et ils sont très nombreux, sont des exercices de mise en forme: ils n'ont que vous comme objectif. Leur seul but est d'améliorer, si l'on peut dire, vos réflexes créatifs. Vous rendre capable de créer quand l'occasion se présente à vous.

Or, quand l'occasion se présente à vous, il vous faut faire un certain travail – nous allons en parler – pour mobiliser vos capacités, vos réserves de créativité, et pour rendre cette dernière effective. Il faut que votre capacité à créer se cristallise. Qu'on nous permette un petit détour – n'est-ce pas en vagabondant qu'on saisit le mieux les complexités de la réalité? N'est-ce pas en conversant qu'on écarte l'ennui des exposés professoraux? Stendhal, le romancier qui a écrit en particulier *Le Rouge et le Noir*, disait de l'amour entre deux personnes qu'il rôdait pour ainsi dire autour d'elles, mais qu'il lui fallait se cristalliser pour parvenir à l'existence, pour que le coup de foudre se produise. Il faut un petit quelque chose: une parole prononcée, un geste qui touche l'autre et qui déclenche quelque chose en lui, provoquant de la sorte une réaction en chaîne. Nous connaissons tous des gens qui ont aimé en silence parce que leur amour ne s'est pas cristallisé.

FIXEZ-VOUS DES OBJECTIFS PRECIS

En bien, en ce qui concerne la créativité, il en va de même, de ce point de vue, que dans l'amour. Une cristallisation s'avère nécessaire, autrement les choses en resteraient à l'état de virtualité et ne passeraient jamais à celui de réalité. Quelles sont les conditions *sine qua non* de la cristallisation? Comment faire pour que la créativité se cristallise? Il s'agit d'abord de se fixer des objectifs précis. Non pas seulement se les fixer, mais en prendre intensément conscience. Ecrire ce qu'on a l'intention de faire, le coucher sur papier, puis le méditer sont des pratiques qui aident énormément. Avant toutes choses, il est bon de faire le vide en soi. Respirer un bon coup et se concentrer sur le vide. Les exercices précédents vous aideront.

ANALYSEZ LES PROBLEMES

Ce qu'il faut fixer, au sens fort du terme, c'est l'occasion où l'on désire être créatif. Ce peut être un travail qu'on n'a jamais fait et pour lequel on a été pris à l'essai, ce peut être la décision de vivre une vie nouvelle et meilleure en amour, ce peut être l'organisation d'un voyage d'agrément dans un pays inconnu, ce peut être une négociation commerciale, ou notariale, ou une transaction financière, ce peut être le choix d'un placement en Bourse, etc. Il faut donc déterminer son champ d'action, et ensuite, comme dit le grand philosophe Descartes, «diviser la difficulté en autant de parties qu'elle comporte». Expliquons-nous. Une montagne présente une difficulté: elle est si haute, ou si escarpée, qu'il semble qu'on ne puisse l'escalader en entier. Jamais, dira l'observateur, je ne pourrai venir à bout de la difficulté. Or, ce pessimisme est trompeur: certes, il y a impossibilité à vouloir la gravir d'un seul coup, mais, si on le fait par étapes, cela devient déjà beaucoup plus facile.

Quand vous avez en face de vous un problème, pour être créatif, pour être sûr que vous le résoudrez de manière créative, ne vous laissez pas dépasser, submerger. N'ayez pas peur. Ne soyez pas découragé. Dites-vous qu'en le fractionnant, vous en viendrez à bout. Quel qu'il soit, il n'est terrible – terrible comme un dragon, diront vos rêves – que si vous le prenez en bloc, tout d'une pièce. Car alors il se ramasse sur lui-même et il montre ses griffes de dragon. Rappelez-vous toujours que le point faible de la carapace, c'est le fractionnement. Il n'y a pas de problème qui résiste au fractionnement. Vous êtes incapable de gravir la montagne d'une seule traite, mais vous pouvez le faire en plusieurs étapes. Bien plus: si vous avez étudié votre trajet, si vous avez pris votre temps, et si au préalable vous vous êtes entraîné, alors la victoire se trouve sûrement au bout de vos efforts. Il n'y a rien de compliqué, il n'y a que du complexe. Le compliqué, c'est du complexe qui se brouille dans votre cerveau. Quel que soit le problème, divisez-le en ses composantes simples. Cette règle, qui va de soi en ce qui concerne la créativité, est la loi première de la science et de l'art, ainsi que de la pédagogie.

En science, en chimie par exemple, n'a-t-on pas besoin de connaître les corps simples qui entrent dans la composition de la matière? H_2O, c'est l'eau, c'est quelque chose de complexe que l'esprit humain ne peut saisir. Mais partagez-le entre ses éléments: H et O, on peut facilement comprendre ce qu'est H (l'hydrogène) et O (l'oxygène). L'eau est un corps complexe composé de deux corps simples dans une certaine proportion.

Il est possible de donner un autre exemple. La matière, nous croyons savoir ce que c'est, puisque nous la touchons, puisque nous sommes entourés d'elle, puisque nous sommes en partie composés de matière. Et pourtant, elle reste quelque chose de très mystérieux. Qu'est-ce que nous pouvons en dire, au fond? Pas grand-chose! Or, Einstein, avec sa célèbre théorie de la relativité, a écrit: $E = mc^2$, c'est-à-dire que E (l'énergie) est égale à m (la matière) multipliée par c2 (la vitesse de la lumière au carré). La vitesse de la lumière est de 300 000 kilomètres à la seconde, et la vitesse de la lumière au carré est égale à cette vitesse multipliée par elle-même:

300 000 x 300 000 = 9 000 000 000 000 km/s.

Cela est vertigineux! Et ce vertige en nous rend peut-être compte du vertige, des tourbillons qui animent le cœur de la matière. Il est comme l'empreinte sur notre cerveau, sur notre psyché, des tourbillons vertigineux qui se nichent au cœur de la matière.

UNE DIFFICULTE EST PLUS FACILE A RESOUDRE ISOLEMENT

Prenons un exemple. On vous propose un nouveau poste où vous devrez faire preuve de créativité, mais vous n'avez pas l'habitude de ce travail. C'est angoissant! Ou plus précisément, c'est angoissant *tel quel*. Ce l'est parce qu'il y a de nombreux problèmes qui font boule de neige. Prenez-les donc l'un après l'autre. Par exemple:
- votre manque d'habitude de ce travail, votre manque d'assurance et peut-être votre incompétence;
- le fait qu'il vous faudra changer vos habitudes et travailler avec d'autres personnes que vous connaissez mal ou que vous ne connaissez pas du tout;
- certaines de ces personnes vous sont hostiles;
- vous aurez perdu votre plus proche collaborateur;
- votre nouveau bureau est en définitive moins pratique que l'ancien;
- vous ne vous sentez pas en forme pour l'aventure...

Recensez tout ce qui fait problème. Notez tous les éléments sur du papier pour les fixer. Prenez votre temps pour le faire. Gardez votre calme... Le problème a déjà évolué. Ce n'est plus une masse hostile et impénétrable; c'est devenu un ensemble d'éléments différents les uns des autres. Chacun des éléments est plus facile à résoudre que l'ensemble. Cela fait figure d'évidence. Une évidence que l'on oublie dans la hâte et dans la crainte. Une évidence qu'on retrouve lorsqu'on a essayé de «respirer» le problème. C'est-à-dire lorsqu'on a mis à plat.

UNE REACTION EN CHAINE

Il est très important de bien séparer les constituants du problème (ce que Descartes appelle «diviser la difficulté en autant de parties qu'elle comporte») il ne faut surtout pas les confondre, il faut faire comme si vous aviez oublié votre problème et comme si vous n'aviez à faire qu'à des constituants distincts. D'ailleurs, peu à peu vous vous passionnerez pour tel ou tel constituant. Car vous vous rendrez certainement compte que c'est à partir de l'un d'entre eux que vous pourrez aborder le problème dans son entier. Par exemple, déplorer de perdre votre plus proche collaborateur pourra vous apparaître comme une réaction purement sentimentale au regard de votre nouvelle situation. Cependant, c'est á partir de là qu'un déblocage en chaîne pourra se produire.

Le simple fait d'y avoir pensé, d'avoir compris que, ma foi, c'était une attitude purement sentimentale, vous laissera pressentir que c'était une mauvaise raison. Un prétexte suggéré par votre paresse, ou par quelque crainte absurde, ou par autre chose de tout aussi dérisoire. Et au moment où vous l'aurez pressenti, ou compris, il se produira une réaction en chaîne: tous les autres arguments tomberont d'eux-mêmes. Toutes ces idées parasites, toutes ces idées négatives, disparaîtront comme par enchantement.

En fait, ce qui risque fort de se produire, c'est un «accouchement» plus difficile que celui que nous venons de décrire, qui, étant idyllique, peut certes avoir lieu, mais qui serait de l'ordre du miracle. Supposons donc que vous n'ayez pu saisir aucun fil pour dévider la pelote, que vous n'ayez pas su isoler le problème à partir duquel vous pourriez vous attaquer à l'ensemble. Il ne vous reste alors qu'à bien examiner l'ensemble, chaque problème, chaque motif, pris séparément, et à vous demander quel est le problème le plus facile à résoudre, ou le motif le moins valable. Dès que vous l'avez trouvé, vous retombez dans le premier cas de figure. C'est-à-dire que vous avez trouvé le motif à partir duquel agir.

TOUJOURS EVITER DE PRENDRE LE PROBLEME COMME UN BLOC

Il reste que dans la plupart des cas, cela se passe encore différemment. Une fois que vous avez écarté le motif de votre collaborateur pour cause de sentimentalisme mal placé, que cela vous soit soudain apparu comme une évidence ou que vous ayez abouti à cette conclusion en vous raisonnant, ou bien une fois qu'il vous est apparu que le fait que votre nouveau bureau soit en définitive moins pratique que l'ancien, que ce fait-là ne pose pas de réel problème – vous pouvez y apporter facilement quelques aménagements, ou vous pourrez très bientôt en changer –, une fois tout cela résolu, il est fort possible, même fort probable, qu'il vous restera encore tous les autres motifs. La réaction en chaîne ne se produira pas forcément, et le problème dans son entier aura beau vous paraître moins redoutable, le découragement s'installera en vous. Vous vous direz, à part vous, que vous croyiez être arrivé au but et qu'il vous a été infligé un cruel démenti. Un démenti qui vous a en quelque sorte abattu.

Il ne faut pas s'affoler, ni céder au découragement; il faut accepter ce qui vous arrive, accepter le découragement, aller jusqu'au bout de ce découragement, mais ne pas planter là votre action. Une fois que vous avez vécu votre découragement, respirez un bon coup, et puis remettez-vous en mémoire les différents motifs. Ou plutôt lisez-les, puisque vous les avez inscrits, comme nous vous l'avions suggéré.

Vous finirez par vous rendre compte que vous avez été découragé parce que vous avez, sans même vous en rendre compte, considéré de nouveau le problème comme un bloc, au lieu de vous souvenir que vous avez affaire à des éléments distincts et épars.

162

RESOUDRE UN PROBLEME A LA FOIS

Mais une fois que vous aurez un tant soit peu compris cela, il vous faudra prendre un autre élément pour lui faire subir le même traitement qu'au premier. Si vous n'y parvenez pas – et il y a de grandes chances que vous n'y parveniez pas –, il faut vous fixer entièrement sur lui. Vous dire que vous n'avez aucun autre problème que celui-ci. Si, par exemple, le motif est l'hostilité que vous témoigneront les personnes avec lesquelles vous allez travailler, il vous faudra diviser ce problème lui-même en éléments simples: quelle et quelle personne, pour quelle et quelle raison, quelle et quelle parade puis-je trouver? Si, en dépit de tous ces efforts, vous ne réussissez toujours pas, c'est que vous vivez une sorte de blocage. Il vous faudra alors vous dire: je n'ai pas un problème de créativité dans un nouvel emploi éventuel, je n'ai qu'un seul problème, vaincre l'hostilité des personnes en question.

Il n'est pas de problème qui ne se résolve. Il suffit de trouver les solutions appropriées et de prendre son temps. Et pour cela, une seule solution: votre créativité. Repassez en mémoire les différents exercices que nous avons préconisés. Choisissez-en un ou quelques-uns, et faites-les en pensant fortement à ce problème relationnel. Il serait bien étonnant qu'une solution, ou qu'un début de solution, ne vous vienne pas à l'esprit au bout d'un moment. Nous conseillons en particulier de combiner quelques exercices de respiration simples avec l'association de pensées.

La règle est de nous assigner des objectifs précis et qui soient à notre mesure. De ne pas nous obnubiler sur un problème qui nous dépasse, mais de le fractionner en autant de petites difficultés, qui ressemblent aux corps simples de la chimie, sur lesquels il soit possible d'avoir prise. Et ne pas oublier que le temps deviendra un allié précieux.

S'exprimer et négocier

LA CREATIVITE, PARTOUT

Comme nous venons de le dire, il s'agit de s'assigner des objectifs précis et à sa mesure. Précis, clairs, nets: «Je veux telle ou telle chose». A sa mesure: «Je suis capable de l'atteindre». Et pour les atteindre, il nous faut être créatifs. Il faut tirer parti de tout ce que nous connaissons, mais il ne faut jamais oublier que la bonne idée vient toujours par surprise, que la solution inédite s'impose de manière inattendue. On peut agir sur les conditions de la bonne créativité, mais il est impossible de décider rationnellement, de manière volontariste, que l'on va être créatif.

Un artiste aussi bien qu'un homme quelconque, qu'une femme sans qualités particulières sont créatifs lorsque l'inspiration – ou la grâce, pour employer un autre langage, ou la grande forme – les saisit. Or, l'inspiration, ça ne se commande pas. On l'a ou on ne l'a pas. Mais, encore une fois, il est possible de se mettre en bonne condition pour la recevoir: c'est ce à quoi nous avons convié le lecteur tout au long de ces pages. Ce qu'ont réussi les personnalités exceptionnelles, c'est à faire en sorte que l'inspiration ne les quitte jamais. Cela est fort rare, évidemment. Pour nous, elle viendra par moments, mais de plus en plus souvent, et quand nous en aurons besoin.

Nous avons dit et avons répété que la créativité était devenue indispensable de nos jours, le monde ayant considérablement évolué. Ce n'est plus un luxe, mais quelque chose de nécessaire: on n'a plus besoin de manœuvres (ou presque), mais de travailleurs intelligents sachant prendre des initiatives. Les hommes et les femmes, de leur côté, de même que les enfants, désirent que leurs partenaires, ou leurs parents, les comprennent. Le temps de l'obéissance se suffisant à elle-même est révolu, nous sommes entrés dans l'ère du dialogue. On peut le regretter, ou au contraire s'en réjouir, cela ne changera rien. Telle est la réalité. Les êtres humains ont besoin de s'épanouir, et le reste est moralisme dépassé. S'épanouir ne signifie évidemment pas désirer ou faire n'importe quoi. S'épanouir, encore une fois, signifie être bien dans sa peau, réussir, être capable de s'éveiller au monde, en un mot être créatif.

L'EXEMPLE SINGULIER DE L'ECRITURE

La créativité s'applique à de nombreux domaines: nous ne les recenserons pas. Nous avons évoqué les plus importants: vie professionnelle, vie affective, vie culturelle, etc. Mais il faut comprendre que tout relève en définitive de la créativité. Tout ou presque, car la vie est elle-même création. La vie qui n'est pas création est inertie, c'est une vie seulement virtuelle et non effective. A titre d'exemple, nous allons prendre le cas de l'écriture, nous allons nous demander comment être créatif en écriture.

Si vous voulez écrire une lettre administrative ou une simple lettre de politesse, si vous voulez connaître les formules conventionnelles, vous n'avez qu'à prendre un de ces nombreux manuels que l'on trouve dans les rayons des librairies, ou même dans les grandes surfaces, au rayon livres. Mais si vous voulez écrire de manière créative, originale, si vous avez besoin de faire une lettre qui rende un compte exact de votre personnalité, de vos mérites, de vos désirs; si vous avez besoin de convaincre quelqu'un et que vous vouliez le faire par votre écriture; si vous désirez tout simplement écrire; si... alors, soyez créatif en écriture. C'est par la créativité que la force de conviction frappera le destinataire. La sincérité a un accent qui ne trompe pas. Pour être créatif en écriture, il vous suffit:

– de pratiquer les exercices que nous avons mentionnés (vous êtes maintenant habitué; il n'est plus nécessaire de vous inciter à le faire);
– de cristalliser votre créativité comme nous l'avons vu récemment.

Cependant, vous vous rendrez vite compte que cela ne suffit pas. Notre méthode aurait-elle donc des limites? Pour tout le reste, cela semble marcher, cela marche parfaitement, pourquoi n'en va-t-il pas de même en ce qui concerne l'écriture? S'agit-il de l'exception qui confirme la règle? A vrai dire, nous avons pris cet exemple de l'écriture parce qu'il était singulier. En réalité, ce n'est pas tout à fait un exemple: c'est un cas particulier. Le fait est qu'il existe deux cas particuliers: l'écriture et la négociation; mais si on les maîtrise bien on a fait le progrès décisif, le dernier, dans le domaine de la créativité. On devient son propre gourou car l'écriture est le symbole de l'expression, et la négociation, le symbole de la relation à autrui.

LE MYSTERE DE L'EXPRESSION

Ecrire est en apparence quelque chose de très mystérieux. Quel est cet étrange pouvoir d'aligner les mots, de bien choisir d'emblée ceux qui conviennent et de les marier harmonieusement? Quel est cet art qui pousse si loin la faculté d'expression? Qui allie l'élégance à l'efficacité? Une bonne écriture est en effet à la fois précise – elle dit bien ce qu'elle veut dire, on la comprend d'emblée – et élégante: elle coule bien, et c'est un plaisir de la découvrir. Elle est comme un cours d'eau, dont chaque mot est une goutte. Remarquez que nous retrouvons ici l'image de la source... Savoir écrire, c'est, d'une certaine manière, retrouver sa source d'expression. Savoir bien écrire nous ouvre bien des portes. Ce n'est pas un hasard si les ateliers d'écriture sont aujourd'hui si nombreux.

Qu'est-ce qu'un atelier d'écriture? C'est un «atelier» où l'on apprend à écrire. Dans les faits, il s'agit de stages de deux ou trois jours qui réunissent différents participants autour d'un animateur spécialisé. Les participants sont de milieux et d'origines diverses, ils n'ont qu'un point en commun: le désir de l'expression. Ce peuvent être des ménagères, des ouvriers, parfois, mais rarement, des commerçants, et aussi des intellectuels – cela peut paraître étonnant, mais c'est une réalité assez courante –, des peintres, des sculpteurs, ou même des professeurs, des fonctionnaires, etc. Ces derniers ont en effet pressenti qu'ils avaient une instruction suffisante mais qu'ils ne savaient pas s'exprimer convenablement, que ce soit par timidité, à la suite d'un blocage, ou parce qu'on ne le leur avait pas appris.

Quelqu'un qui a beaucoup de connaissances, un médecin par exemple, ne s'exprime pas nécessairement bien ou du moins comme il le voudrait. On lui a enseigné la biologie, la physiologie, l'anatomie, etc., mais point à écrire. Pour peu, de plus, qu'il soit timide, et que son incapacité à bien écrire se double d'une difficulté de parler en société, il ressentira une gêne dans sa vie affective comme dans sa vie professionnelle. La communication est un besoin fondamental de l'être humain. Ce médecin, s'il est célibataire, aura du mal à se faire des relations; et, en tout état de cause, il ne réussira pas parfaitement dans son métier. Il aura beau être compétent, il aura beau être d'une grande gentillesse, cela ne suffit pas. Le patient a souvent besoin qu'on lui parle, qu'on s'exprime pour lui. La santé psychologique, c'est aussi, ne l'oublions pas, de pouvoir s'exprimer. Un patient a besoin qu'on lui explique ce qu'il a, qu'on le conseille, qu'on le réconforte, etc. Ce besoin n'est pas seulement psychique: il retentit sur le physique. Le physique et le moral ne sont pas si dissociés qu'ils en ont l'air!

CE QU'ON FAIT DANS LES ATELIERS D'ECRITURE

Dans ces ateliers d'écriture, on peut même trouver, très rarement il est vrai, des écrivains. Parfois, un écrivain est venu là, parce qu'il se trouve en panne de créativité. Quelque chose, un ressort, s'est cassé en lui, et il vient se frotter aux autres, se ressourcer, se rénover. Il vient parce qu'il pense trouver là le déclic qui le fera repartir. Et il se crée dans ces ateliers une espèce d'égrégore, c'est-à-dire d'esprit collectif qui se met sous le signe de la créativité. Cela résulte de deux séries de causes évidentes:
– la pratique de ces ateliers d'écriture;
– le fait que l'on soit en commun, que toutes les forces se conjuguent.
En effet, si toutes les forces individuelles se fondent au sein d'un esprit collectif, et si ce dernier est résolument tourné vers la créativité, celle-ci se manifestera plus facilement. Cela se comprend aisément. La force naît de l'union, c'est une vérité d'expérience.
Reste à parler de la technique qui permet de s'exprimer au

mieux de ses possibilités. Cette technique s'appuie sur une règle fort simple, qui consiste à faire vivre les mots. De même que pour un peintre, les couleurs sont vivantes, ou que, pour un musicien, ce sont les notes qui vibrent, ici les mots ont une vie autonome, réelle. Ils sont «tout chauds», pour ainsi dire, ils réagissent à notre action, à notre façon de les prendre, de les capter. Comment procéder? Par un exercice très simple, qui donne des résultats immédiats et qui permet d'écrire alors qu'on n'en a pas l'habitude.

UTILISER LES MOTS QUI DORMENT EN VOUS

Tout le monde, ou presque, possède les moyens d'écrire, à moins d'être illettré. Notre lecteur ne peut l'être, pour la bonne raison qu'il est en train de nous lire. Il a donc une instruction incontestable.

● Tout le monde a un vocabulaire suffisant. Tout le monde possède en effet un nombre de mots qui lui permettent de s'exprimer dans la vie courante.
La bonne expression ne consiste pas à utiliser des mots difficiles, compliqués, sophistiqués, comme elle ne consiste pas à connaître un très grand nombre de mots. On peut avoir le dictionnaire entier à sa disposition et ne pas savoir bien utiliser ces richesses. Ce n'est pas parce qu'on connaît un grand nombre d'expressions qu'on sait bien parler ou bien écrire. Racine, le grand poète et homme de théâtre français du XVIIe siècle, le plus grand peut-être, n'a employé que 2 000 mots. 2 000 mots seulement, 2 000 mots simples, à la portée de tous, que tous connaissent, avec lesquels il a dit toutes les finesses du cœur, de l'amour, comme de la politique. Belle leçon! L'important est de savoir utiliser ses mots. De savoir les marier. De savoir les utili-

ser au bon moment. De savoir qu'ils sont vivants, qu'on peut les tuer ou les faire vivre.

● Tout le monde a également la connaissance des règles élémentaires de la grammaire. Il ne s'agit pas de connaître le jargon grammatical, mais de connaître quelques règles bien simples: on dit «une robe blanche» et non «une robe blanc», «ils sont partis» et non «ils est» ou «ils sommes partis», etc. Le reste, ce qui est plus sophistiqué, n'est qu'une amélioration, une sorte de luxe. L'essentiel est acquis, mais une timidité, ou une paresse, ou, mieux, un manque d'habitude, empêchent que cela soit. Encore une fois, il ne s'agit ici que d'éveiller une faculté qui sommeille en nous, qui n'a pas travaillé, qui n'a pas, pour ainsi dire, subi d'entraînement.

MEMOIRE OBJECTIVE ET MEMOIRE SUBJECTIVE

L'ensemble de ces exercices est fondé sur la mémoire. Plus précisément – et c'est là que réside l'intérêt et l'originalité de la chose –, sur deux types de mémoire: la mémoire objective et la mémoire subjective. Nous allons tout de suite le comprendre. Mettez-vous devant votre feuille de papier et procédez de la sorte.

● Vous vous rappelez votre trajet matinal. Vous le décrivez de manière objective, c'est-à-dire tel qu'il a été: *Je suis sorti de chez moi, j'ai rencontré mon voisin de palier en haut de l'escalier, je l'ai laissé passer, j'ai descendu l'escalier derrière lui; dans la rue, j'ai tourné à droite, je me suis dirigé vers la petite rue où, hier soir, j'avais garé mon auto-*

mobile, etc. Il faut être le plus précis et le plus objectif possible: n'hésitez pas à raturer et recommencez si vous n'êtes pas satisfait. A la fin, vous aurez reconstitué votre parcours.

● Vous aurez pris la précaution de partager la feuille (ou les feuilles) de papier en deux. A gauche, vous avez écrit votre trajet objectif, à droite vous avez laissé en blanc. Maintenant, dans un deuxième temps, vous allez vous préoccuper de la partie de droite, qui sera la dimension subjective de votre trajet.

Dans la mesure du possible, ce qui va suivre doit se trouver en regard de ce qui a déjà été écrit. Le subjectif doit correspondre à l'objectif. Ainsi:

– en face de «je suis sorti de chez moi»: «j'étais content, j'étais maussade, ou endormi», ou tout ce que l'on voudra: votre état d'âme du moment;

– en face de «j'ai rencontré mon voisin de palier»: «il m'énerve toujours», ou «ce fut pour moi un plaisir comme d'habitude», ou autre chose encore; c'est vous qui jugez, qui sentez, qui écrivez;

– en face de «mon automobile»: «avec un sentiment de satisfaction», ou «de fierté», ou «angoissé à l'idée des traites qui me restent à payer», ou «préoccupé par ce que m'a dit ma femme», etc.

Il faut être le plus précis possible. D'ailleurs, en vous entraînant, vous deviendrez au bout de quelques jours plus exigeant envers vous-même. En tout cas, chacun a ici quelque chose à dire: on ne vous demande pas pour le moment d'écrire un roman, d'inventer une histoire, mais de rendre compte de votre trajet de ce matin. Le lendemain, même exercice, avec des informations nouvelles s'il y en a. Ne craignez pas de vous contredire si le besoin s'en fait sentir.

172

LA SYNTHESE DE L'OBJECTIF ET DU SUBJECTIF

Cet exercice de double mémoire (la mémoire objective et la mémoire subjective), vous pouvez, vous devez, l'appliquer à d'autres occasions de votre vie quotidienne: votre trajet matinal, votre entrée dans votre bureau, tel et tel moment de votre journée, votre retour, tel et tel épisode de votre vie familiale, de votre vie culturelle, de votre vie relationnelle, etc. Il ne s'agit pas du tout d'analyser, il n'est question que de décrire avec le plus de rigueur possible ce qui s'est passé tant sur le plan objectif des événements que sur le plan subjectif de vos sentiments.

C'est quand vous aurez réussi, au bout de quelques séances, à faire la synthèse de l'objectif et du subjectif que vous aurez accompli un progrès décisif. Vous pourrez alors passer à la rédaction de fiction, c'est-à-dire d'histoires, de nouvelles, de petits romans. Cela pour votre plaisir. Mais l'essentiel de l'exercice reste de vous avoir appris à vous exprimer, à devenir créatif en expression. Cela est très utile dans votre vie professionnelle, où l'on peut vous demander des rapports, et aussi dans votre vie quotidienne, bien évidemment.

CONCURRENT, ADVERSAIRE, PARTENAIRE: AVEC QUI NEGOCIER?

Le deuxième thème que nous allons aborder dans ce chapitre est, comme nous l'avons annoncé, celui de la négociation. Nous rencontrons tous la négociation dans notre vie de tous les jours: tant qu'il y a négociation, il y a civilité; dès que celle-ci cesse, il y a agressivité, voire conflit. C'est en négociant qu'on aboutit à des accords.

Au départ, chacun a une position qui lui est propre, des

intérêts et des désirs qui lui sont personnels, et qui ne sont pas compatibles avec ceux de l'autre. Cet autre peut devenir un adversaire, ou au contraire un partenaire. Vous vous demanderez alors ce qu'est au juste le concurrent: adversaire ou partenaire? Le concurrent est ces deux choses-là à la fois.

C'est un adversaire, puisqu'il a des intérêts qui diffèrent des vôtres; c'est aussi un partenaire, car vous contribuez tous deux à la même tâche: commercer, enrichir, créer des liens entre les hommes. Sans faire de philosophie, on peut dire que la vraie concurrence, la concurrence saine, s'effectue au profit de tous et en premier lieu du consommateur. Remarquez d'ailleurs que si les concurrents n'étaient que des adversaires, ils ne respecteraient plus les lois de la courtoisie – celle de la saine concurrence – tandis que s'ils étaient des partenaires, et seulement des partenaires, ils deviendraient des associés.

ANTICIPER

Ce que nous venons de décrire s'applique évidemment au commerce, mais peut, sous une autre forme, se retrouver dans presque toutes les manifestations de l'existence, y compris dans notre vie sentimentale. Dans la négociation entre en jeu une forme de créativité particulière: ceux qui négocient dans leur travail, comme dans un domaine tout à fait différent, ceux qui réussissent en amour, vous parleront de ce plaisir de l'échange. Mais là encore, il faut:
- développer sa créativité générale avec les exercices qui précèdent – tous les exercices de mise en forme;
- mettre en œuvre quelque chose de plus spécifique. Cet outil spécifique, c'est l'anticipation.

L'anticipation de la négociation, comme celle du jeu

d'échecs ou du tennis, ou de tout ce que l'on voudra, consiste à prévoir systématiquement le coup, la réaction de votre partenaire, de votre adversaire ou de votre concurrent. C'est parce que nous avons trouvé la parade que l'adversaire tentera, ou pressenti le sentiment avec lequel notre partenaire en amour va nous accueillir, que nous pourrons devenir maîtres de la situation. Cela est d'une importance capitale, on s'en doute.

Pour réussir à deviner quelle sera la prochaine étape, il n'y a qu'un moyen: devenir créatif. Imaginer tous les possibles, maîtriser son imagination, la rendre de la sorte vraiment créatrice. La laisser vagabonder sur les possibilités qui s'offriront à vous, puis déterminer, après mûre réflexion, celle qui vous paraît la plus probable. Il faut être très ferme sur la décision qu'on a prise, c'est-à-dire s'en tenir à elle une fois qu'on l'a prise, ne plus changer d'avis: c'est de cette manière qu'on se responsabilise. Cependant, il ne s'agit pas de se buter: on peut s'être trompé. Si on ne s'en aperçoit pas à temps, on échouera, mais on échouera glorieusement, on en tirera les leçons pour la prochaine fois. Si on s'en aperçoit, on ne se découragera pas – à quoi cela servirait-il? – on choisira tout simplement une autre possibilité, une autre hypothèse, et on s'y tiendra tout aussi fermement. C'est cela qui s'appelle se battre.

On ne gagnera pas d'une autre manière. Car c'est aussi cela, la créativité. C'est aussi cela, devenir son propre gourou.

Table des matières

PREMIERE PARTIE
VOUS POUVEZ DEVENIR CREATIF

TROISIEME PARTIE - APPROCHER DU SECRET DE LA CREATIVITE

QUATRIEME PARTIE - SE FIXER DES OBJECTIFS ET SE DONNER LES MOYENS DE LES ATTEINDRE

*Achevé d'imprimer
en mai 1991
à Milan, Italie, sur les presses de
Lito 3 Arti Grafiche s.r.l.*

*Dépôt légal: mai 1991
Numéro d'éditeur:2596*